KB201457

가장 젊은 날의 철학

지금 나답게 살기 위한 질문들

가장
젊은 날의 철학

이충녕 지음

북스톤

"방황과 고통은
한 가지 길밖에
보지 못할 때
생겨나는 것이다."

다름을 발견하는 일

"인간은 노력하는 한 방황한다."

이는 독일의 대문호 괴테가 한 말입니다. 지금은 그 어느 때보다 노력이 강조되는 시대입니다. 노력에는 육체적 에너지와 시간뿐 아니라 '고민'도 포함됩니다. 이 시대를 사는 우리는 정말 치열하게 고민해야만 합니다. 학창 시절에는 대학에 갈지, 간다면 어느 학과에 갈지, 성적은 어떻게 올려야 할지, 정작 하고 싶은 건 뭔지 고민합니다. 성인이 되면 머릿속은 더 복잡해집니다. 어떤 일을 해야 할지, 지금의 직장과는 잘 맞는지, 진짜 하고 싶은 건 뭔지, 집은 어떻게 마련할지, 결혼은 해야 하는지 등등 고민거리가 쏟아지지요. 그러다 보니 방황은 필연적입니다. 꼭 일탈을 해야만 방황이 아닙니다. 몸은 일상 안에 있지만 마음은 방황할 수 있습니다.

방황이 나쁜 건 아닙니다. 우리는 방황하면서 성장합니다. 하지만 그 과정이 고통스러운 건 사실이죠. 고통에 잠식될 때도 있습니다. 물론 고통을 잘 이겨낸 사람도 있습니다. 이들은 이렇게 말합니다. "그깟 고통쯤은 이겨낼 수 있어. 치열하게 고민하고 목표를 향해 열심히 나아가야 원하는 걸 이룰 수 있지." 하지만 현실이 꼭 그렇지는 않습니다. 게다가 사람마다 에너지는 물론, 성격, 기질, 환경 모두 다 다릅니다. 누군가에겐 가벼운 고통도 누군가에겐 치명적일 수 있습니다.

점점 더 많은 사람이 노력과 방황으로 에너지를 소진하고, 끝내는 아무것도 할 수 없는 상황으로 내몰리고 있습니다. "아무 이유 없이 쉰다"고 말하는 청년이 늘고, 다 포기하고 이민을 알아본다는 사람도 많아졌습니다. 이런 상황에서도 더 노력하라고, 고통을 극복하라고만 다그쳐야 할까요? 지금도 힘에 부치는데 어떻게 더 노력하라는 걸까요?

　저는 이 책을 통해 '다름'에 대해 이야기하고자 합니다. 우리는 모두 다릅니다. 너무나 다릅니다. 한 명 한 명의 삶은 하늘과 땅처럼 다릅니다. 노력도 다르고, 방황도 다릅니다. 다름의 다른 표현은 '고유성'입니다. 모든 사람은 저마다 고유한 특성과 관점을 가집니다. 그런데 사회는 모두가 같다는 듯이 말합니다. 똑같이 추구해야 할 것이 있고, 똑같은 노력을 들여서 똑같은 길을 가야 할 것처럼 말합니다. 지금 사회는 '프로크루스테스의 침대' 같습니다. 침대에 맞춰 사람을 늘리거나 다리를 자르듯, 사회가 정한 표준에 모두를 맞추려 합니다. 이런 문화에서라면 표준에 잘 맞는 소수만 별문제 없이 살아가고, 나머지 사람들은 지쳐갈 겁니다.

　이럴 때일수록 우리는 각자의 다름에 주목해야 합니다. "이런 고민이 있으면 이렇게 해라" 하는 식으로 고민과 그 해결방식을 일방적 틀로 재단하는 건 아무런 도움이 되지 않습니다. 그보다는 각자의 입장에서 고민을 헤쳐 나갈 가능성을 제시하고 용기를 응원해야 합니다.

저는 철학이, 특히 실존주의가 용기를 북돋는 데 도움이 된다고 생각합니다. 실존주의는 풍부한 원천을 가진 현대사상입니다. 실존주의는 20세기 중엽 유럽에서 가장 활발히 논의되었습니다. 당시 사람들은 양차 세계대전을 겪으며 과학기술과 사회정치학적 계획이 삶을 무자비하게 파괴하는 걸 바라봤습니다. 지금 우리는 여러 명이 사고로 목숨을 잃었다는 소식에 충격을 받습니다. 그런데 그 당시에는 수천만 명이 참혹하게 목숨을 잃었습니다. 가족이나 친구가 희생된 경우도 흔했습니다. 대규모 폭력으로 사람들이 받은 충격은 이루 말할 수 없었을 겁니다.

극심한 물리적·정신적 혼란의 상황에서 새로운 철학이 필요했습니다. 이때 몇몇 문학가, 철학자, 예술가가 보편적 이성보다 개별적 삶에 주목했습니다. 한 사람이 가진 고유의 관점, 생생한 감정, 현실적 운명을 철학의 중심 주제로 삼아야 한다고 생각한 겁니다. 인간의 고유성이 사회적·학문적 보편성에 잡아먹혔기 때문에 문명세계가 파국에 이르렀다고 판단했거든요. 삶의 모든 것을 보편적 원리로 설명하고 통제하려고 하면서, 막상 현실을 살아가는 개별적 삶의 순간들은 무시됐다는 거죠.

그런데 이런 사회를 여러분도 본 것 같지 않나요? 네, 20세기 초 유럽과 지금의 한국 사회는 놀라울 정도로 닮았습니다. 그래서 저는 지금 우리가 실존주의에 주목한다면 얻을 게 정말 많다고 생각합니다.

실존주의는 그동안 묵살됐던 개별성과 고유성, 즉 내가 살아 숨 쉬며 매 순간 마주하는 '이' 지평^{horizon}을 기초로 삼습니다. 현실과 동떨어져 있다는 느낌이 가장 적게 드는 철학 중 하나죠.

흔히 철학은 '뜬구름 잡는 소리'로 여겨집니다. 실제로 그렇기도 하고요. 많은 종류의 철학이 당장 우리 앞에 놓인 문제들과는 아무 관계가 없으니까요. 철학은 오랜 시간 귀족의 전유물이었고, 먹고살 걱정이 없는 이들이 엘리트적 입장에서 사회를 거시적으로 논하거나, 우주의 근원과 본성에 대해 펼친 생각이 중심이 되었습니다. 하지만 실존주의는 다릅니다. 모든 사람이 매 순간 겪는 고독, 불안, 미래에 대한 고민, 선택의 순간 등을 주제로 다루지요. 그래서 공감되는 지점이 아주 많습니다.

저는 '다름'과 고유성에 주목하고, 각자의 방식으로 고민을 헤쳐 나갈 용기를 응원하고자 합니다. 이는 근본적으로 인간을 '물건'처럼 보는 관점에 저항하는 시도입니다. 사회과학적 통계와 정보기술이 발전하면서 사회는 인간을 '평균' 낼 수 있는 물건처럼 대하고 예측 가능한 것으로 보고 있습니다. 저는 이 책에서 사회의 표준적이고 획일적인 시각을 깨뜨릴 수 있는 실존주의적 주제들을 우리의 실질적인 고민들과 연결했습니다. 그럼으로써 삶의 고민을 해결하는 데 있어서 '내 선택', '내 관점', '내 가능성'에 주목하는 게 얼마나 중요한지 전하고자 했습니다.

우리에게 지금 중요한 건 무엇이 옳고 그른지 논리적으로 따지는 게 아닙니다. 막혀 있는 시야를 뚫는 것입니다. 방황과 고통은 언제 생겨날까요? 뭐가 옳은지 모를 때가 아니라, 한 가지 길밖에 보지 못할 때입니다. 지금의 사회는 한 가지 길만 강요합니다. 표준에 맞춰 남들과 똑같이 살아야 한다고 압박하죠. 그러다 보니 그 길이 아니면 안 될 것 같고, 내 모든 에너지를 소진하면서까지 그 길을 좇아야만 할 것 같습니다. 당연히 삶은 고난스럽고 공허해집니다. 이런 비인간적인 방황을 겪지 않으려면 시야를 넓혀야 합니다. '나의 길'이라는 독자적 가능성이 존재하며, 매 순간이 고유하다는 사실을 분명히 인지해야 합니다.

끝으로, 고민 해결과 철학적 사고의 공동체성을 강조하고 싶습니다. 이 책은 2030세대의 고민에서 출발했습니다. 출판사 북스톤이 2030세대의 고민을 조사했고, 거기에 제가 철학적 지식으로 대답한 것입니다. 저와 출판사의 협업의 산물이자, 타인과 함께 고민을 나눈 2030세대 전체가 함께 만든 결과물인 셈이지요.

삶에서 '순수한 혼자'라는 건 없습니다. 이 책을 펼친 여러분도 이미 수많은 사람과 영향을 주고받으며 지금의 순간에 이르렀을 겁니다. 실존주의적으로 내 고유성에 주목하는 일은 내 존재의 9할 이상이 다른 사람과의 관계로 이뤄졌음을 인정하는 것에서 출발합니다. 우리의 모든 고민 역시 다른 사람들과의 공존 속에서 주어졌습니다. 우리는 관계 속에서 존재합니다. 내 고민은 나 혼자만의 것이 아니라 다른 사람의 것이기도 합니다. 이 점을 염두에 두고 지금부터 우리의 가장 젊은 날의 철학을 함께 펼쳐봅시다.

목차

나라는
존재에
대하여

01

"파스칼은 자기 안에서
    절망을 발견했다.
    그것이 그의
    '나다움'이었다."

나다움이란 무엇일까?

요즘 '나다움'을 찾으라는 메시지가 많이 보입니다. 대중매체 시대에서 인터넷 시대로, 소품종 대량생산 시대에서 다품종 소량생산 시대로 전환되면서, 전체 시스템에 나를 맞추거나 남을 따라하기보다는 나만의 개성을 표현하는 게 중요하다는 인식이 널리 퍼졌습니다.

그런데 여기에는 함정이 있습니다. 사회 시스템은 별로 달라지지 않았다는 것입니다. 사회를 움직이는 가장 큰 힘은 여전히 돈이고, 사회적 특권은 돈에 의해 부여됩니다. 사실 돈을 많이 버는 사람 중에는 나다움이나 개성에 그다지 관심이 없는 경우도 많습니다. 우리 사회에서는 기존 구조에서 '높은' 곳에 속해야 더 많은 이익을 가져갈 수 있고, 사다리를 오르는 데는 나다움보다는 주어진 과제를 수행하는 능력이 더 중요하게 여겨지기 때문입니다. 이런 상황에서, 넘쳐나는 '나다움 메시지'는 환상을 부추기는 역할을 할 뿐입니다. 자본이 중심이 되는 사회 구조를 감추고, 개성과 자유가 보장되는 것 같은 인상을 주는 거죠.

나다움 메시지는 신중하게 받아들여야 합니다. 정말로 나다운 게 무엇인지 잘 생각해봐야 하죠. '남들이 말하는 나다움'을 무작정 좇아선 안 됩니다. 그건 역설적으로 가장 나답지 못한 일이며, 자본주의 광고에 놀아나는 꼴이 될 뿐입니다.

나다움을 찾는 게 어려운 이유

17세기 프랑스의 수학자이자 과학자, 철학자였던 파스칼[1]은 역사적으로 가장 앞선 실존주의자로 언급되곤 합니다. 그의 사상은 현대적 의미의 실존주의와는 다르지만, 실존주의의 핵심적 통찰과 맥이 닿는 건 분명합니다.

흥미롭게도 파스칼은 독실한 기독교인이었고, 말년에 이르러서는 신학 연구에 몰두했습니다. 흔히 실존주의는 무신론적 사상으로 여겨지지요. 니체[2]가 "신은 죽었다"고 말한 이후로, 실존주의자들이 '우리는 최종적 기준이 없는 세상에 내던져졌기에, 주도적으로 선택하며 스스로 삶의 의미를 만들어가야 한다'는 생각을 공유했기 때문일 것입니다. 하지만 실존주의에 무신론적 입장만 있는 건 아닙니다. 키르케고르[3]나 야스퍼스[4]는 종교적 입장에서 실존주의 사상을 펼쳤습니다.

파스칼 사상의 중심은 이성의 무력함과 인생의 실질적 고통입니다. 그가 생각하기에 인간은 이성을 통해서는 결코 최종적인 진리를 알아낼 수 없습니다. 이성은 규칙에 맞게 사고하는 능력에 불과하고, 오직 자신의 체계 안에서 정리될 수 있는 것만 이해할 뿐입니다. 파스칼은 역사에 이름을 남긴 천재적 수학자이자 과학자였던 만큼, 누구보다도 이성을 잘 활용했습니다. 그럼에도 이성을 통해 삶의 해답, 의미, 고통의 근원 같은 걸 알아내려고 할 때면 어김없이 실패했지요. 그는 그 원인을 탐구 부족이 아닌 이성의 한계로 보았습니다.

파스칼은 인간의 존재가 근본적으로 고통스럽고 공허하다고 생각했습니다. 인간이 고요히 자기를 들여다보면 이내 "자신의 허무, 버림받음, 부족함, 예속, 무력, 공허"를 느끼게 되고, 마음속 깊은 곳에서 "권태, 우울, 고뇌, 원망, 절망"이 올라온다고 주장했습니다. 어떤 일에 마음을 빼앗기지 않고 정신을 집중한 상태에 이르렀을 때, 자신 안에서 발견하게 되는 게 다름 아닌 고통, 공허, 무력감이라는 것이죠. 이런 감정이 불쾌하다 보니, 인간은 끊임없이 "환상"을 만들어내 자신에게 집중하는 시간을 없앱니다. 자극적인 놀잇거리에 빠지거나 남들에게 인정받는 일에 몰두하여 존재의 고통에서 벗어나려는 것입니다.

이와 같은 파스칼의 사상은 종교적 색채를 띱니다. 그는 우주에는 이성의 한계를 넘어서는 신적인 차원이 있으며, 삶의 고통과 권태는 그 차원에 다가갈 수 있는 잠재력이라고 믿었습니다. 인간이 무력감과 공허함에 고통받는 건 현재에 만족하지 못하기 때문이라고 생각한 것입니다. 이는 단순히 더 부자가 되고 싶다, 더 건강해지고 싶다, 더 좋은 사람을 만나고 싶다 같은 현실적 고민과는 다릅니다. 그 이상의 의미를 가지죠. 아무리 돈이 많아도, 아무리 객관적으로 좋은 상태에 있어도, 인간은 어느 순간 무력감과 공허함을 느낍니다. 인간은 근본적으로 불만족을 느끼는 겁니다. 그리고 파스칼은 그 이유를 지금의 상황을 넘어서는 초월적인 영역에 다가갈 잠재력이 있기 때문이라고 보았습니다. 즉, 인간은 신의 은총을 받을 수 있는 존재이며 그 높은 영역에 다가갈 수 있는데, '아직' 그러지 못해 불만족을 느낀다는 겁니다.

이런 생각을 바탕으로 파스칼은 인간은 자신의 한계를 겸허히 인정하고 신의 은총을 기대해야 한다고 주장했습니다. 인간의 능력으로 모든 걸 극복할 수 있다고 믿지 말고, 인간을 넘어선 세계에 자신을 내려놓고 내맡겨야 한다고 말입니다.

겸손과 나다움

나다움에 대해 말하다가 갑자기 웬 종교적인 이야기냐고요? 파스칼이 말하는 '종교적 겸손'이 나다움과 관련해 중요한 메시지를 전하기 때문입니다. 나다움을 찾으려면 나 자신을 깊이 들여다볼 줄 알아야 합니다. 그런데 이런 일은 오직 자신의 한계를 겸허히 인정할 때만 가능하며, 이 겸손함은 종교심과 무관하지 않습니다. 꼭 신을 믿어야 한다는 게 아니라, 내 존재에 대한 오만과 자기중심적 관점을 내려놔야 한다는 얘기입니다. 그럴 때 비로소 자신의 여러 면모를 균형 있게 바라보며 나다운 게 뭔지 비판적으로 고찰할 수 있습니다.

자기 자신에 대한 긍정적인 인식은 양날의 검입니다. 파스칼은 스토아주의가 인간을 너무 위대한 존재로 내세운다며 이를 비판한 바 있습니다. 스토아주의는 고대 헬레니즘과 로마 시대에 성행한 철학으로, 절제를 통해 고통을 극복하고 마음의 평정을 유지하는 삶을 강조합니다. 행복은 각자가 가진 내면의 힘에 집중할 때 얻을 수 있다고 말합니다. 유혹에 마음이 흔들리고 혼란을 겪는 상태에서 벗어나, 명료한 정신 상태에서 올바른 판단을 내리면 평정과 만족 속에서 살아가게 된다는 것이죠. 자신에게 집중하면 오히려 무력감과 공허감을 발견하게 된다는 파스칼의 생각과 정반대죠?

요즘 자기계발 영역에서는 나다움에 대해 이야기하며

'나'에 대한 긍정적인 관점을 지나치게 강조합니다. '당신이 정말로 원하는 게 무엇인지 생각하세요!'와 같은 말로 행복에 대한 기대를 잔뜩 불어넣지요. 우리 스스로 원하는 바를 알아내고 그걸 추구하면 정말로 행복한 삶에 이를 수 있다고 말이죠.

하지만 이런 메시지는 몹시 위험합니다. '나'에 대해 너무 환상을 품으면 정작 진짜 나를 제대로 파악하기 어렵기 때문입니다. 우리는 희망과 행복의 가능성을 품은 존재이기도 하지만, 절망과 공허를 품은 존재이기도 합니다. 나의 긍정적인 면만 보고 거기에 희망을 품으면 내 반쪽과만 관계하게 됩니다. 그런 기대에 기초해 인생 계획을 세우면 머지않아 문제가 생기지요. '나'의 부정적인 면이 그 계획에 제동을 거니까요.

나다움을 추구하는 과정에서 자기 긍정보다 더 중요한 건 긍정과 부정을 종합적으로 이해하는 것입니다. 내 존재의 한 부분이 아니라 여러 부분을 동시에 들여다보는 거죠. 나 자신에 대한 깊고 종합적인 이해에는 반드시 겸손이 필요합니다. 내가 모르는 것, 할 수 없는 것, 극복할 수 없는 것이 많다는 걸 인정해야 합니다. 그 무력함은 절대 벗어날 수 없는, 평생에 걸쳐 끈질긴 힘을 발휘하는 나의 모습입니다.

꼭 특별하게 살 필요는 없다

나다운 삶을 살기 위해 꼭 특별함을 추구해야 하는 건 아닙니다. 나답기 위해 반드시 남들과 다른 길을 가야 한다고 생각하는 사람들이 있습니다. 독특한 진로를 선택하거나 특별한 취향을 가져야 한다고 말이죠. 이런 생각의 근거는 무엇일까요? 오히려 때로는 남들이 세워 놓은 체계에 순응하며 살아가는 게 나다운 선택일 수 있습니다.

이와 관련해서도 파스칼의 '겸손한 정신'은 중요한 가르침을 줍니다. 파스칼은 '반만 지혜로운' 사람과 '정말로 지혜로운 사람'을 구별했습니다. 그의 생각에 따르면, 반만 지혜로운 사람은 대중이 따르는 기존 체계를 부정적으로만 평가합니다. 남과 다른 생각을 해야만 더 훌륭한 줄 알지요. 반면 정말로 지혜로운 사람은 기존 체계를 긍정적으로 평가할 줄 압니다. 자신의 무력함과 세상사의 복잡성도 인정합니다. 새로운 해결책으로 상황을 개선하는 게 쉽지 않다는 걸 압니다. 지금의 체계가 완벽하지는 않아도 나름의 합리성이 있기에 지금까지 유지되었다는 것도 이해합니다. 기존의 질서를 없애기보다 보존하는 게 나을 때도 많다는 걸 인정합니다.

이러한 통찰은 우리 삶에도 적용될 수 있습니다. 남들이 평범한 길을 걷는 건 나름대로 장점이 있기 때문입니다. 특별함을 추구하며 새로운 길을 개척하는 건 그 자체로 존중받을 일이지만 반드시 지혜로운 일인 건 아닙니다. 꼭 나다움을 실현하는 길인 건 더더욱 아니죠. 사람에 따라서는 안정적인 길을 선택하는 게, 전통을 지키는 게, 대세에 따르는 게 가장 '나다운' 일일 수 있습니다.

나다움은 대단한 것이 아닙니다. 나다움은 평범하거나 혹은 볼품없는 것일 수도 있습니다. 심지어 파스칼은 자신 안에서 절망을 발견했습니다. 그에게는 그것이 '나다움'이었습니다.

"삼인칭 차원의 설명은
일인칭 관점에선
언제나 불충분하다."

자유롭게 살려면 어떻게 해야 할까?

지금 눈을 한번 깜빡여보세요. 깜빡이셨나요? 깜빡인 분도, 그렇지 않은 분도 있을 겁니다. 신체적 조건상 이 행동이 어려운 분을 제외하면, 우리는 이 행동에 자유로운 통제권을 가진 것처럼 보입니다. 이를 '자유의지'라 부를 수 있을 겁니다.

그런데 이런 소박한 자유의지마저 부정하는 사람들이 있습니다. 그런 목소리는 학계에서도, 대중 안에서도 꽤 강력합니다. 과학적 사고를 철저히 받아들이면 자유의지는 불가능한 현상처럼 보이기 때문입니다. 과학적 관점에서는 세계의 모든 현상이 물리적 인과관계에 의해 설명됩니다. 비물리적인 것은 적어도 '과학적으로는' 존재하지 않습니다.

이런 관점에서는, 인간의 정신은 인간의 몸이라는 물리적 실체가 활동함에 따라 일어나는 부수적 현상이라고 볼 수밖에 없습니다. 이런 관점을 '기계적 결정론'이라고 부릅니다. 우리에게 진정한 자유 같은 건 결코 존재하지 않고, 모든 정신적 활동은 몸의 활동에 의해 기계적으로 나타나는 결과에 불과하다는 것이죠.

뇌과학이 발전하고 인간 정신의 많은 부분이 뇌의 활동을 통해 설명되면서, 기계적 결정론은 더욱 힘을 얻었습니다. 양자역학이 등장하며 기계적 결정론이 (적어도 철학적으로는) 망했다는 얘기가 돌긴 하지만(양자역학의 관점에 따르면, 하나의 사건은 절대적이 아니라 확률적으로 일어납니다), 여전히 과학 영역에서는 기계적 결정론과 비슷한 사고방식이 널리 받아들여지고 있습니다.

자유의지는 환상일까?

요즘 "내가 뭘 좋아하는지 모르겠다", "원하는 게 뭔지 잘 모르겠다"라는 말을 많이 듣게 됩니다. 기계적 결정론의 관점에서는 이런 고민은 그 자체로 쓸데없습니다. 내가 뭔가를 좋아하거나 원한다는 현상 자체가 애초에 환상에 불과하기 때문입니다. 엄밀히 따지면 '내가' 뭔가를 좋아한다기보다는 '내 뇌가' 뭔가를 좋아하는 것이고, '내가' 뭔가를 원한다기보다는 '생물학적 욕망 체계에 따라 부수적으로 나타난 내 정신'이 뭔가를 원한다고 보는 게 맞습니다.

과학적 관점에서 '나'는 별로 중요한 현상이 아닙니다. 리처드 도킨스는 저서 《이기적 유전자》에서 "인간은 유전자 존속을 위한 생존 기계"라고 주장합니다. 이에 따르면 '나의 정신'이라는 현상은 인류 진화 과정에서 부수적으로 나타난 현상에 불과합니다. 또 다른 인기 과학도서인 칼 세이건의 《코스모스》에는 "인간의 정신은 믿을 수 없을 만큼 광활한 우주의 천체가 운행하는 과정에서 나타난 한 점"이라는 메시지가 있습니다.

이 책들은 학창 시절 저에게 커다란 영향을 끼쳤습니다. 야간 자율학습을 마치고 자전거를 타고 집으로 돌아가는 늦은 밤이면, 밤하늘을 수놓은 별들이 친구처럼 느껴졌습니다. 헤아릴 수 없이 먼 지점들을 바라보면 '나'라는 존재가 한없이 작아지는 듯했지요. 내가 사라져도 이 우주는 아무 문제가 없을 것 같았습니다. 그 앞에서 내 삶의 의미를 주장하기란 어려워 보였습니다.

'나'라는 현상과 '자유'라는 현상은 본질적 연관이 있습니다. 자유의 고전적 의미는 내가 원하는 대로 행동할 수 있는 상태 혹은 내가 추구하는 것을 향하여 나아갈 수 있는 상태입니다. 여기서 '나'라는 현상이 존재하지 않는다면, 자유 역시 없다는 걸 알 수 있습니다. '자유'라는 상태가 생겨나려면 자유로운 누군가가 있어야 합니다. 그리고 기계적 결정론은 '나'의 의미와 자유의 의미를 동시에 희미하게 만들지요.

그런데 이 희미함이 우리에게 위로를 줄 때도 있습니다. 실제로 꽤 많은 사람은 기계적 결정론의 사고방식을 불교의 '무상無常'과 비슷한 의미로 받아들입니다. 모든 일은 인과에 따라 일어나고 끝없이 변화하니, 하나의 일이나 대상에 집착하지 말라는 거죠. 집착은 심리적 고통의 주요 원인입니다. 내가 뭘 좋아하고 뭘 원하는지 답을 얻으려는 태도 자체가 어쩌면 '나'에 대한 집착에서 비롯된 것일지도 모릅니다.

의식의 절대성

철저한 과학적 사고에 기초한 '해탈' 말고, 뭔가 다른 결의 이야기도 필요하지 않을까요? 지금까지 기계적 결정론의 관점에서 말했는데, 사실 저는 기계적 인과관계를 통해 세상의 모든 걸 설명할 수 없다고 생각합니다. 대표적으로 인간의 의식은 그 자체로 절대적인 면모를 지녀서, 과학적으로 분석해 파헤쳐 봐도 설명되지 않는 부분이 있습니다.

예를 들어 제가 '배고픔'을 느낄 때, 그 배고픔은 제게 절대적입니다. 생리학적 인과관계와 뇌과학적 지식을 동원해 배고픔을 설명하는 건 아무 의미가 없습니다. 그건 '이충녕이라는 한 인간 생명체'의 배고픔에 대한 설명일지는 모르나, '나'의 배고픔에 대해서는 아무것도 말해주지 않습니다.

의식의 언어는 일인칭입니다. 반면 과학의 언어는 삼인칭이지요. 따라서 과학은 의식에 대해서도 삼인칭 차원에서만 말합니다. 그러니 일인칭 관점에서 보기에 언제나 불충분하죠.

그런데 우리는 이 불충분함을 명확하게 느끼지 못하고 있습니다. 사회의 여러 장치가 자기 자신을 삼인칭으로, 기계적 관점에서 보도록 강제하기 때문입니다.

자기소개서를 예로 들어보죠. 자기소개서는 삶을 자기만의 관점으로 돌아보며 쓰는 글이어야 합니다. 그런데 대학과 기업에서 '객관적인' 점수로 평가하다 보니, 어쩔 수 없이 남(평가자)의 관점에서 서술하게 됩니다.

마찬가지로 본래 SNS는 내 삶을 표현하는 매체입니다. 그런데 알고리즘이 '평균적으로' 인기 많은 게시물을 추천하다 보니, 내 고유성을 표출하기보다는 남들 모습에 나를 맞추게 됩니다. MBTI 같은 성격 검사가 인기를 끌면서, 나 자신을 '객관적으로' 파악해야 한다는 압박 또한 심해졌습니다.

현대인이 겪는 허무감은 사회가 자꾸만 나 자신을 삼인칭 관점에서 바라보도록 요구하여 생겨나는 건지도 모릅니다. 의미는 본질적으로 그 의미를 느끼는 일인칭의 입장이 중요한데, 모든 것을 삼인칭에서 파악하도록 강요받으니 내가 느끼는 의미가 사라질 수밖에요.

이런 때일수록 우리는 두 인칭을 구별할 수 있다는 사실을 인지해야 합니다. 실존주의는 철학사에서 이 구별에 가장 크게 주목했던 분야입니다. 실존주의의 형성에 커다란 영향을 끼친 하이데거[5]는 우리가 일반적으로 사용하는 자유 개념과 구별되는 자유에 대해 이야기하기 위해 '절대적 자유'라는 개념을 사용합니다.

그가 말하는 절대적 자유란 나의 존재가 무無로 사라져버릴 수 있다는 걸 인식할 때 발견하게 되는 선택의 자유입니다. 내가 존재하지 않을 수도 있다는 가능성을 일인칭 관점에서 진지하게 마주하면, 내 삶이 최종적으로는 오로지 나 자신의 손에 달려 있다는 걸 이해하게 됩니다. 남들이 뭐라고 하든, 과학자들이 내 행동을 어떻게 설명하든, SNS에서 무슨 정보를 접하든, 내 삶의 주체는 나입니다. 내 선택은 내가 내립니다. 물론 기계적으로 보면 운명이 이미 정해져 있는지도 모르지만, 일인칭 관점에서 나는 분명 선택의 자유를 가집니다. 숟가락을 들었다가 내려놓을 수도 있고, 책을 펼 수도 덮을 수도 있습니다. 제 선택도 이미 정해져 있는 걸까요? 그럴지도 모르죠. 하지만 '정해져 있다'는 표현은 삼인칭 용법입니다. 일인칭으로 관점을 바꾸면 '정해져 있다'는 현상은 온데간데없이 사라집니다.

자유의 의미

철학사적으로 실존주의는 니체의 계보학적 사고의 영향을 많이 받았습니다. 계보학이란 어떤 현상이 발전한 역사를 추적하는 학문적 관점을 뜻합니다. 계보학에서는 기본적으로 대상은 고정되어 있지 않고 시간의 흐름에 따라 형성된다고 봅니다. 예를 들어, 지금 우리는 일상에서 당연한 듯이 '자유'라는 개념을 사용합니다. 하지만 사실 자유는 원래부터 있었던 개념이 아닙니다. 동서양의 여러 사상이 영향을 주고받는 과정에서 그 의미가 형성됐습니다. 자유 개념이 역사적으로 형성됐다는 건, 자유의 의미가 절대적이지 않다는 걸 뜻하지요.

자유의 의미는 지금껏 변해왔고, 앞으로도 변할 겁니다. 기계적 결정론의 관점에서 '자유가 없다'고 말할 때,

그 자유는 한 가지 의미에 국한될 것입니다. 우리는 그 개념에 매몰되지 않고, 새로운 의미를 만들어나갈 수 있습니다.

저는 젊은 세대가 "내가 뭘 원하는지, 뭘 좋아하는지 모르겠다"고 말하는 것이 부정적으로만 보이지는 않습니다. 어쩌면 그들은 대한민국 역사상 처음으로 개념의 의미를 스스로 창조하려는 의지를 가진 세대인지도 모릅니다. 내가 뭘 원하고 뭘 좋아하는지 모르겠다는 건 단순히 허무하고 불행하다는 의식의 표현이 아닙니다. '나'가 무엇인지, '원하다'라는 개념이 진정으로 무슨 의미인지, '좋아하다'라는 현상을 내 삶에서 어떻게 받아들여야 하는지에 대해 남들이 이미 제시해 놓은 틀을 그대로 따르지 않겠다는 의지의 표출이기도 합니다. 창조는 기존 체계의 안정감을 탈피하는 행위이기에 고통이 수반됩니다. 지금 젊은 세대가 느끼는 심리적 고통은 어느 정도 창조의 고통이기도 합니다.

그래서 저는 "함께 고민하자"고 말하고 싶습니다. '자유의지는 환상인가?', '나는 진정으로 내 선택을 내릴 수 있는가?'와 같은 질문은 어떻게 바라보느냐에 따라 답이 달라집니다. 기계적 결정론 같은 사고방식으로는 자유의 지도, 선택의 가능성도 없다는 결론에 이르겠지요. 하지만 이는 그저 한 가지 사고방식일 뿐입니다. 우리가 다른 사고방식을 선택하고, 다른 의미로 개념을 사용하면, 질문에 대한 답은 달라집니다. 기존 것과 전혀 다른 유형의 답을 우리 스스로 만들어나갈 수 있다는 얘기입니다.

이를 위해서는 '고민'을 너무 부정적으로 바라보지 않아야 합니다. 제 유튜브 채널에 많은 분이 사회 현상이나 철학적 난제에 '복잡하게 생각하지 말라'는 댓글을 남깁니다. 여러분은 어떻게 생각하세요? 제 생각은 조금 다릅니다.

단순하게 생각하기엔 세상은 너무 복잡합니다. 한 가지 답을 내리기에 삶 안에는 너무 많은 가능성이 얽혀 있지요. 따라서 여러 각도의 생각에 마음을 열 필요가 있습니다. 남들이 제시하는 개념 구조를 그대로 따르기보다, 여러 방향으로 치열하게 생각하며 스스로 개념을 만들어가야 합니다. 이러한 태도가 허무와 무력감에 대해서도 효과적인 치료제가 될 것입니다.

"'자기-되기'란

　단 한 번도 존재한 적 없는

　특수한 자기를 창조하며

　현재를 살아가는 것이다."

과연 '진짜 나'는 존재할까?

    내가 '진짜' 좋아하는 걸 어떻게 찾을 수 있을까? 나의 '진짜' 감정은 뭘까? 요즘 많은 사람이 '진짜'를 찾으려고 애를 먹고 있습니다. 이 상황은 두 가지 상반된 흐름의 충돌 때문에 생겨났습니다.

    첫째, 전통적 가치가 약해지고 있습니다. 불과 십 년 전만 해도 안정적인 직장에 들어가는 것, 가정을 꾸리고 아이를 갖는 것, 착실히 돈을 모아 내 집을 마련하는 것 등이 삶의 당연한 가치로 여겨졌습니다. 그런데 그 전통적 가치가 퇴색해버렸고, 사회는 자신의 가치를 스스로 정립해 나가라고 요구합니다.

둘째, 우리 사회는 여전히 남을 의식합니다. 전통적인 가치관이 무너졌으니 이제 새로운 가치를 스스로 찾으라고 요구하면서도, 서로 비교하고 등급을 매기니 어느 장단에 맞춰야 할지 혼란스러워집니다. 나만의 새로운 가치를 추구해야 할지, 아니면 남들이 가는 대로 따라야 할지 심각한 고민에 빠질 수밖에 없습니다.

만약 우리 사회가 자연스럽게 자신의 가치를 추구하는 사회였다면, '진짜' 나를 찾고 싶다는 열망은 고민거리가 되지도 않았을 겁니다. 열망이 고민으로 바뀌기 전에 각자 자신의 가치를 찾아 잘 가고 있을 테니까요. '진짜 나'를 향한 사람들의 열망은 자기다움을 요구받으면서도 막상 자기다움을 추구하기는 어려운 사회의 모순적 조건을 반영합니다. 실생활에서 자연스럽게 실현되지 않기 때문에 열망의 형태로 욕구가 발현하는 것이죠.

이와 비슷한 열망은 실존주의가 생겨나던 시대에도 있었습니다. 그 당시 서구사회는 종교와 계급적 사고방식에서 빠르게 벗어나고 있었지만, 현실은 여전히 권위주의와 전통적 가치의 영향에 좌우되었습니다. 그런 상황에서 진짜 나, 진정한 나에 대한 열망이 싹텄지요.

이에 관해 실존주의 사상에서 전개된 이야기는 생각보다 복잡합니다. 얼핏 생각하면 '남들이 만들어놓은 껍질에서 벗어나 네 안에 숨겨진 진짜 너를 찾아라!' 이렇게 간결하고 확고한 목소리로 말했을 것 같지만, 그전에 고찰해야 하는 중요한 것이 있었습니다. 그것은 다름 아닌 '과연 진짜 나는 존재하는가?'라는 근본적인 질문입니다. 이 지점까지 나아가야 비로소 나다움을 심도 있게 이해할 수 있습니다.

본질주의의 위험성

이 책에서 저는 '본질'이라는 단어를 일상적 의미에서 여러 번 사용합니다. 하지만 사실 실존주의의 맥락에서 엄밀성을 추구한다면, 이 단어는 상당히 조심해서 사용해야 합니다. 실존주의 사상은 본질주의에 반하는 것을 일반적으로 가장 큰 특징이자 모토로 삼기 때문입니다.

실존주의에서 가장 유명한 말은 "실존은 본질에 앞선다"입니다. 대표적인 실존주의 철학자 사르트르[6]의 말인

데, 이는 현실보다 앞서서 우리의 존재를 규정하는 본질 같은 건 없으며, 우리는 오직 현재의 삶을 통해 자신의 존재를 만들어간다는 뜻입니다.

본질주의자들은 대상을 변하지 않는 본질을 통해 규정하려 합니다. 예를 들어, '인간이란 무엇일까?'라는 질문에 '인간은 이성적 동물이다'라는 식으로 불변의 핵심 요소를 상정해 인간의 존재를 설명하는 식입니다.

실존주의자들의 생각은 이와 매우 다릅니다. 실존주의자들은 그 어떤 '본질'도 인간 존재를 완전히 규정할 수 없다고 생각합니다. 예를 들어, 인간의 이성은 언제든 사라지거나 변할 수 있습니다. 어제까지 이성적이었던 사람이 오늘은 이성을 잃고 미친 짓을 할 수도 있지요. 그럴 때 우리는 그 사람이 더 이상 '인간이 아니다'라고 말하겠지만, 우리가 부여하는 이름표와 상관없이 그 사람은 자신으로서 존재하며 살아가고 있습니다. 그 사람의 실존은 이성이라는 규정을 뛰어넘습니다.

나다움을 탐구할 때 우리는 본질주의적 관념을 품기 쉽습니다. 변하지 않는 본질적인 '나'가 내 안에 있다고 생각하고, 그걸 발견해야만 나다움을 실현한다고 믿는 거죠. 나를 '찾는다', '발견한다' 같은 표현은 이런 사고방식을 부추깁니다. 어딘가에 발견되기를 기다리는 나의 본질이 있는 것 같은 환상을 불러일으키는 거죠.

하지만 나의 본질, 진짜 나, 순수한 나 같은 게 정말로 있는지는 의심해볼 여지가 있습니다. 어쩌면 나의 존재는 매 순간 흐르며, 고정적인 본질이란 건 없을 수도 있습니다. 그렇다면 나를 '찾는다'는 말보다는 나를 '만들어간다'는 표현이 더 적절할 수도 있겠죠.

'나'를 창조하기

니체는 사상사적으로 '자기-되기$^{self-becoming}$' 혹은 '자기-창조$^{self-creation}$'에 관해 말한 최초의 사람 중 한 명입니다. 그는 "당신은 당신이 되어야 한다"라고 말했습니다. 그런데 이는 '진짜 당신을 발견하라'는 메시지와는 전혀 다릅니다.

'되다'라는 개념에는 크게 두 가지 의미가 있습니다. 첫째는 자연적인 과정에 의한 단순 변화입니다. 장년이 노인이 되는 게 대표적이죠. 인간은 가만히 있어도 자연스럽게 노인이 됩니다.

두 번째 의미는 노력을 통한 변화의 쟁취입니다. 열심히 공부한 결과 시험에 합격해서 원하는 직업인이 될 때, 우리는 자연적 과정에 나를 내맡긴 게 아니라 노력으로 변화를 쟁취한 겁니다.

니체가 말한 "당신이 되어라"에서의 '되다'는 두 번째 의미입니다. 그는 단순히 있는 그대로의 모습에 집중해 순수한 자기를 발견하라고 요구한 게 아닙니다. 도전하고 고통과 실패로부터 배우며, 새로운 모습을 창조하라고 말한 것입니다. 그가 말하는 '자기-되기'는 잃어버린 자기와 다시 하나가 되는 게 아닙니다. 단 한 번도 존재한 적이 없는 특수한 자기를 창조하며 현재를 살아가라는 겁니다.

그는 말합니다. "당신의 참된 본성은 당신 깊숙한 곳에 숨겨져 있는 게 아니다. 당신보다 훨씬 높은 곳에, 혹은 적어도 당신이 평소 당신으로 받아들이고 있는 것보다 위에 있다."

니체는 매우 인기 있는 사상가로 많은 독자층을 보유

하고 있는데, 만약 그의 주장 안에 담긴 '적극성'에 대한 메시지를 읽어내지 못하면 그저 염세적이고 부정적인 사상으로만 해석할 위험이 있습니다.

니체는 전통적인 종교와 도덕을 강하게 비판한 것으로 잘 알려져 있습니다. 이런 비판과 부정의 메시지는 염세주의자들을 사로잡습니다. '니체가 신은 죽었다고 말한 게 언젠데, 아직도 종교를 믿어? 신은 없어! 그리고 사회의 도덕 체계는 다 사람들을 얌전히 살아가도록 만든 속임수나 위선에 불과해!'라고 생각하면서 세상에 조소를 보내게 되지요.

이런 부정적 인식이 꼭 나쁜 건 아닙니다. 아니, 사실 꽤 많은 진리를 담고 있습니다. 기존 체계를 의심하는 건 정말 필요하고 소중한 자세입니다. 그런데 거기서 멈춰선 곤란합니다. 그 이상으로 나아가야 합니다. 기존의 것을 부정했으면 새로운 것을 만들어내야죠. 그러지 않으면 모든 게 무너져 내릴 뿐입니다.

나다움을 논할 때 우리가 가장 많이 저지르는 실수가 바로 이것입니다. 사회적 명령이나 남들의 가치를 거부하는 것까지는 좋은데, 거기서 멈추면 문제가 됩니다. 외부적인 요소를 다 부정하기만 하면, 희망차고 기분 좋은 '진짜' 나가 저절로 모습을 드러낼까요? 그런 일은 결코 일어나지 않습니다.

저는 유학 생활 중에 이런 행운을 기대했다가 실망하고 방황하는 이들을 많이 봤습니다. 한국의 억압적인 조건에서 일단 벗어나면 정말로 자기다운 삶을 찾게 될 거라고 기대한 사람이 꽤 있었는데, 수동적인 해방만을 추구한 경우, 얼마 지나지 않아 똑같이 답답한 현실에 좌절했습니다. 한국 사회에서 벗어났다는 해방감은 일시적입니다.

어떤 환경에서든 매일 반복되는 일상을 마주해야 하죠. 환경이 바뀌었을 뿐, 자기는 그대로입니다. 정말로 자기다움을 경험하고 싶다면 적극적으로 행동해야만 합니다. 그래야 내 존재에 변화가 일고, 그 변화를 통해 비로소 자기다움을 발견하거나 창조할 수 있습니다.

좋아하는 일을 찾는 방법

요즘 2030에게 '좋아하는 일을 어떻게 찾아야 할지 모르겠다'는 이야기를 종종 듣습니다. 이에 대해 각도를 조금 틀어서 생각해보길 권합니다. 좋아하는 일을 찾는 게 아니라 만들어간다고 생각하는 거죠.

무언가를 찾는 과정은 수동적인 의미를 갖기 쉽습니다. 발견돼야 할 대상의 모습이 정해져 있으니까요.

이런 수동성은 짜증을 유발합니다. 온갖 곳을 다 뒤져 휴대폰을 찾는 상황을 상상해보죠. 아무리 찾아도 보이지 않는다면 짜증이 나기 마련입니다. 이때 짜증이 나는 이유는 여러 가지지만, 그중 하나는 발견돼야 할 대상인 휴대폰이 고정적으로 존재하고 있다는 사실 때문입니다. 나로서는 그걸 찾아내는 것 이외에 할 수 있는 게 없습니다. 그런데 그 유일한 선택지가 제대로 작동하지 않으니 짜증이 날 수밖에요.

이와 달리 무언가를 만드는 과정은 다양한 방향으로 열려 있습니다. 예를 들어, 친구를 위해 생일 케이크를 만든다고 해보죠. 케이크가 맛없거나 볼품없을까 봐 걱정할 순 있지만, 케이크의 모습이 정해져 있지 않으니 비교적 자유롭습니다. 우리는 여러 상상을 하고 시행착오를 겪으며 우리 방식대로 케이크를 만들어갈 수 있습니다.

엄밀히 말해 내가 좋아하는 걸 순수하게 '찾는' 경우는 없습니다. 찾는 일에 항상 만드는 활동이 포함됩니다. 예를 들어 자신이 노래 부르기를 좋아한다는 걸 깨달았다고 해봅시다. 이때 노래 부르기는 마치 휴대폰처럼 이미 완성된 채로 존재하고 있다가 발견된 게 아닙니다. 나만의 방식으로 특정한 노래 부르기를 실현해냈고, 그게 내 마음에 든 것이죠.

인간의 모든 활동은 특수합니다. 남이 하는 것을 그대로 따라 한다고 생각될지 몰라도 실은 나만의 특징이 조금씩 스며들어, 그 결과는 유일무이한 것이 됩니다. 따라서 우리의 활동과 선호를 순수하게 발견한다는 건 불가능합니다. 거기에는 항상 '창조'가 섞이기 마련입니다.

다시 처음으로 돌아가서, '내가 좋아하는 일을 어떻게 찾아야 할지 모르겠다'고 이야기하는 사람에게 이렇게 답하고 싶습니다. 좋아하는 일을 찾기보다 만들어나간다고 생각하면 마음에 훨씬 여유가 생깁니다. 조바심과 걱정이 호기심과 창의성으로 변합니다. 우리는 정해진 보물을 찾는 게 아니라, 이제껏 세상에 존재하지 않았던 걸 만들어내는 겁니다. 도달해야 할 목표, 따라야 할 모범 같은 건 없습니다. 그저 참고할 자료가 있을 뿐입니다.

우리는 누구나 특수한 것을 만들어낼 수 있습니다. 그 창조 끝에서 어떤 기쁨을 마주하게 될지, 누구도 알 수 없습니다.

나의
성장에
대하여

02

"세계의 의미는
'할 수 있음'의 감각이
강화되는 만큼
확대된다."

좋아하는 일보다
잘하는 일을 해야 할까?

좋아하는 일과 잘하는 일 사이에서 종종 고민합니다. 둘이 일치한다면 정말 좋겠지만, 그런 경우가 흔치 않지요. '한 번뿐인 인생, 좋아하는 걸 하며 살아야 하지 않을까' 싶으면서도 먹고사는 문제가 걸립니다. 잘하는 일을 하면 그 분야에서 인정받고 사회적 성공을 거머쥘 확률이 높을 겁니다. 반면 좋아하는 일을 하면 미래가 불투명해질 수도 있죠. 그렇다면 어느 쪽을 선택해야 할까요?

저는 잘하는 일을 우선시하는 게 좋다고 봅니다. 재능은 정말 소중한 자산입니다. 누구나 자신만의 재능이 있습니다. 그런데 이 타고난 강점을 외면하고 '잘하지 않지만 좋아하는 일'에 몰두하면, 자신의 세계가 쪼그라들 가능성이 있습니다.

행복에는 성취의 피드백루프가 큰 역할을 합니다. 뭔가를 해냈다는 느낌 혹은 증표가 있으면 기분이 좋아집니다. 그리고 그 기분은 다음에도 또 노력할 동기부여로 작동하지요. 그렇게 노력과 성취를 반복하다 보면 그 분야의 전문가가 되고, 자신감이 생깁니다. 이 자신감은 행복에서 엄청나게 중요한 역할을 합니다. 자신감은 여유의 원천이며, 인간은 마음의 여유가 있어야 삶을 만끽할 수 있으니까요.

한 영역에서 전문가가 되어본 사람은 새로운 일에 도전해 볼 마음을 먹게 됩니다. 자존감도 높아져 있기에 부족한 점도 인정할 수 있습니다. 이 인정은 자신에 대한 비판적 성찰과 발전의 계기로 이어지고요.

그러나 좋아하는 일에 능력이 없으면서 성취감을 느끼기는 어렵습니다. 오히려 좋아하지 않는 일을 할 때보다 더 큰 좌절감을 느낄지도 모릅니다. 좋아하는 일을 제대로 해내지 못한다는 사실은 더 고통스럽게 다가옵니다. 생활고에 시달리기까지 한다면 고통은 상상할 수 없이 커질 겁니다. 생활고를 겪어보지 않은 사람은 그 상황의 무력감을 과소평가하곤 하는데, 당장 이번 주 식비를 걱정해본 사람이라면 그 고통의 정도를 알 것입니다. 성취감 부재와 경제적 무력감. 이 고통을 단기간 견딜 수야 있겠지만, 반복되면 점점 삶의 에너지를 잃고 말 겁니다.

그러니 잘하는 일, 성취를 이룰 수 있는 일을 우선시하기를 권합니다. 절충안을 찾아보는 것도 좋습니다. 잘하는 일의 영역 안에서 좋아하는 일과 최대한 비슷한 직업 형태나 직무를 찾는 겁니다. 일을 통해 성취를 얻고 자신감을 쌓다 보면 마음의 여유가 생길 겁니다. 그러고 나서 좋아하는 일에 다가가도 늦지 않습니다. 처음부터 능력과 상관없이 좋아하는 일을 무작정 좇는 건 위험합니다.

이해와 능력의 연관성

뭔가를 할 수 있다는 자신감이 삶의 의미를 갖게 하는 데 핵심적인 역할을 한다고 말하는 이들이 있습니다. 하이데거가 대표적인데, 그는 인간이 세계를 이해하는 것과 뭔가를 할 수 있는 것 사이에 근본적인 관계가 있다고 보았습니다. 이 주장을 이해하기 위해 그의 '손 안에 있음' 개념을 먼저 살펴보죠.

하이데거는 인간이 객관적인 대상으로 존재하기에 앞서 실용적인 삶으로서 존재한다고 생각했습니다. 흔히 인간을 '이성적 동물' 혹은 '사회적 동물'이라고 정의합니다. 그런데 인간에 대한 이러한 묘사에는 인간이 '동물'이라는 대상의 한 종류라는 생각이 깔려 있습니다. 동물이라는 물질적 밑바탕에 이성 혹은 사회성 같은 성질이 더해져 인간이라는 존재가 구성된다고 보는 거죠. 그런데 하이데거는 이러한 생각의 순서를 완전히 뒤집습니다.

그는 인간은 어떤 성질을 가진 대상으로 정의할 수 없다고 생각했습니다. 그보다 인간은, 말하자면 주변과 나 자신을 신경 쓰며 문제를 해결하는 '과정'으로서 존재한다고 보았습니다. 음식을 마련하고, 집을 청소하고, 사람과의 갈등을 해결하듯이, 실용적인 자세로 문제를 해결하면서 존재를 만들어나가는 것이라고 말입니다. 내가 세상을 이해하고 행동에 나서지 않으면 나라는 존재는 없습니다.

하이데거는 존재를 크게 두 가지로 나눴습니다. 첫째는 '눈앞에 있음'입니다. '눈앞에 있음'은 나의 필요와 상관없이, 내 삶의 실용적인 맥락과 동떨어진 채 이론적으로 파악되는 대상의 존재를 의미합니다. 한 과학자가 순전히 이론적 호기심에서 고양이를 관찰할 때 눈 두 개, 코하나, 귀 두 개, 다리 네 개 달린 객관적인 생명체로서 나타나는 고양이의 존재가 이에 해당합니다.

둘째는 '손 안에 있음'입니다. 이는 실용적 맥락 안에서 드러나는 존재를 뜻합니다. 예를 들어, 학생에게 연필은 단순히 길쭉하고 끝이 뾰족한 사물이 아니라 손에 쥐고 글씨를 쓸 수 있는 도구로서 나타납니다. 하이데거는 평상시 대부분의 존재는 '손 안에 있음'으로 나타나며, 이러한 실용적 존재가 이론적 존재보다 인간의 삶에서 훨씬 더 근원적이라고 보았습니다.

'손 안에 있음'은 의미 파악에서 매우 중요한 역할을 합니다. 우리가 일상에서 파악하는 건 대부분 실용적 의미입니다. 이론적 의미가 필요할 때는 매우 드물지요. 문은 커다란 판자이기에 앞서 여닫는 것이고, 신발은 천이

나 가죽으로 된 물건이기 이전에 걷는 데 필요한 것이며, 고양이는 포유류 동물이기에 앞서 내게 귀여움 혹은 무서움을 유발하는 존재이고, 가족은 신체를 가진 인간이기 이전에 소중한 대화 상대입니다. 만약 이런 실용적 의미를 파악하는 데 실패한다면, 세계는 차갑고 공허한 곳으로 나타날 겁니다.

하이데거는 실용적 의미의 기초가 되는 게 바로 '할 수 있음'의 감각이라는 점에 주목했습니다. 예를 들어, 글씨를 쓸 수 없는 사람에게 연필은 결코 글씨 쓰는 도구라는 의미로 나타날 수 없습니다. 아버지와 사이가 나쁘다면, 아버지는 소중한 대화 상대라는 의미로 나타나지 않지요. 우리가 무엇을 할 수 있는지는 우리가 어떤 의미를 파악하며 살아가는지에 결정적인 영향을 끼칩니다. 세계의 의미는 '할 수 있음'의 감각이 강화되는 만큼 확장되고, 약해지는 만큼 쪼그라듭니다.

억만장자의 비밀

억만장자들은 시야가 남다릅니다. 똑같은 대상에서 남들과는 다른 면모를 보고, 정치나 경제의 흐름을 독창적으로 해석합니다. 즉, 다른 사람보다 세계에서 더 넓은 의미를 발견해냅니다. 이런 일은 어떻게 가능한 걸까요?

저는 '할 수 있음'의 감각이 그 비결이라고 생각합니다. 그들은 재력이 있고 인적 네트워크가 풍부해서 똑같은 상황에서도 남들보다 훨씬 더 많은 걸 할 수 있습니다. 일반인에게 건물이 일터, 쇼핑 공간, 생활공간 등으로 나타날 때, 억만장자에게는 구입할 수 있는 사물, 혹은 투자를 통해 인테리어를 바꾸고 가치를 창출할 수 있는 공간으로 나타납니다. 이처럼 능력은 의미를 바꾸고, 변화한 의미는 시야를 바꾸죠.

당연히 우리 모두가 억만장자가 될 수는 없습니다. 하지만 능력을 발휘할 수 있는 분야에서 경험을 쌓아 의미의 확장을 꾀할 수는 있지요. 그 분야에서 더 많은 걸 할수록, 더 잘하게 될수록 세계 안에서 더 많은 의미를 보게 될 겁니다. 그러면 세계를 자신만의 관점에서 더 잘 이해할 수 있게 되고, 깊어진 이해를 바탕으로 전문성을 더 키우면 통찰력은 더 깊어집니다.

경제적 안정성도 무시할 수 없습니다. 스스로의 힘으로 안정적인 생활을 '할 수 있게' 되면 그간 보지 못했던 세계의 의미를 볼 수 있게 됩니다. 좋아하는 일로 최소한의 생활비를 벌 수 있다면, 그 길을 추구하는 것도 괜찮습니다. 하지만 돈이 너무 안 되는 일을 장기간 하다 보면 세계가 점점 쪼그라들 겁니다. 당장 오늘의 식비를 걱정해야 하는 사람에게 도시는 너무나 차가운 공간일 수밖에 없습니다. 최소한 경제적으로 활동 능력이 있어야 세계가 그나마 따뜻한 곳으로 나타나고, 삶의 의미를 더 적극적으로 발견할 여유가 생깁니다.

잘하는 일에 열중하다 보면 좋아하는 것을 새롭게 발견하게 될 수도 있습니다. 예전에는 별 관심이 없고 그저 잘하기만 했던 일이지만, 능력을 쌓다 보면 그 일의 새로운 의미를 발견할 수 있게 됩니다. 혹은 그 일과 연계된 다른 분야에서 열정을 쏟을 만한 대상을 찾게 될지도 모릅니다. 시야가 넓어져 세계가 달리 보일 테니까요.

반대로 아무리 좋아했던 일이라고 해도 능력을 발휘하지 못하면 의미가 점차 쪼그라들고 끝내 그 일이 싫어질 수 있습니다. 19세기 미국의 가장 훌륭한 철학자이자 니체에게 영향을 끼쳤던 랄프 왈도 에머슨[7]이 실력 발휘를 못하는 수재들을 관찰했는데, 아무리 똑똑했던 학생도

1년간 취업을 못 하면 몹시 의기소침해졌다고 합니다. 반대로 영민함이 좀 부족하더라도 자신이 잘할 수 있는 일을 하면서 바로 경험을 쌓은 학생은 점차 세계를 자신의 무대로 삼을 수 있죠. 세계를 주도적으로 살아간다는 느낌은 무엇보다 성취에 기반합니다.

많은 청년이 직업으로 경험해보지 않은 일에 막연한 선망을 갖습니다. 선망에는 환상과 미화가 포함되죠. 하지만 현실은 어디까지나 현실입니다. 성취가 적은 상황이 지속되면, 세계의 의미가 움츠러들고, 결국 자아도 움츠러들게 됩니다.

행복한 삶을 위해서는 좌절하지 않는 내면의 힘을 갖추는 게 중요합니다. 그러려면 자신의 강점에 주목할 줄 알아야 합니다. 누구나 고유의 강점이 있습니다. 그 점을 잘 파고들어 긍정적인 성취의 피드백루프를 확보한다면 세계의 의미가 확장되고 이해가 깊어지는 경험을 할 것입니다. 그 과정에서 좋아하는 일을 삶에 조금씩 접목해볼 수 있을 것입니다. 그러니 좋아하는 일에 앞서 잘하는 일을 시작해보는 건 어떨까요.

"한계상황에 대해 생각해보면,
경험에는 '깊이'라는 차원이
있다는 걸 알게 된다."

어디까지 경험을 쌓아야 할까?

사람들은 경험을 많이 쌓고 싶어 합니다. '경험이 많다'는 건 이 시대의 미덕처럼 여겨지니까요. 그런데 정말 그럴까요? 경험의 양에 대해서는 논란의 여지가 있습니다. 일단 저는 같은 시간을 살았다면 경험의 양도 같다고 봅니다. 100년을 산 사람은 누구나 100년을 경험했습니다. 누구는 더 많이 경험했고 누구는 더 적게 경험했다는 건 관점의 차이에서 비롯된 생각에 불과합니다.

일반적으로 전 세계를 여행하거나, 많은 사람을 만나거나, 여러 직업을 거친 사람을 보고 경험이 많다고 말합니다. 새로운 외부 자극이 많을 때 경험이 '많다'고 생각하는 것이지요. 하지만 외부 자극은 우리가 무엇을 하는지와 상관없이 언제나 새롭습니다. 어제의 공기와 오늘의 공기가 다르며, 어제의 하늘과 오늘의 하늘 역시 다릅니다. 다만 민감하게 다름을 인지하면 새로운 게 되고, 그렇지 않으면 똑같은 게 되죠. 하지만 일반적인 의미에서 한번 생각해봅시다. 소위 '경험 많은 삶'이 적은 삶보다 과연 더 멋진 인생일까요?

어렸을 때 저는 제 누나와 성격이 정반대였습니다. 누나는 여기저기 돌아다니는 스타일이었고, 저는 동네를 결코 벗어난 적이 없었습니다. 충남 홍성이라는 작은 도시의 시골 마을에서 살았는데, 누나는 그 동네를 그렇게 벗어나고 싶었다고 합니다. 저는 별생각이 없었고요. 누나 입장에서는 다행스럽게도, 우리 가족은 충남에서 가장 큰 도시인 천안으로 이사를 갔습니다. 누나는 거기서도 일부러 가장 번화한 동네에 있는 중학교로 진학했고, 서울 번화가 한복판에 있는 대학교를 거쳐, 전 세계에서 가장 힙한 도시라 불리는 베를린에서 예술을 전공했습니다.

반면 저는 초, 중, 고 모두 집에서 가까운 학교에 다녔고, 대학에 다니면서는 도서관의 구석진 자리에서 좀처럼 벗어나지 않았습니다. 그러다가 우연한 계기로 누나가 있는 베를린에 가게 되었는데, 그때도 베를린 외곽에 있는 조용한 동네를 선택했습니다. 사람도 거의 안 만나고 학교 공부와 일에만 집중했죠. 누나는 가장 패셔너블하고 화려한 사람들이 많이 모이는 동네에 살면서 매우 다양한 사람을 만나고 수많은 행사에 참여했고요.

　일반적인 의미에서 누나는 저보다 훨씬 더 많은 경험을 했습니다. 그렇다면 누나의 삶이 제 삶보다 더 행복하고 훌륭한 걸까요?

　누나도 나름대로 재밌는 삶을 살았고, 지금도 그럴 겁니다. 그리고 저도 저 나름대로 괜찮은 삶을 살았다고 생각합니다. 저는 그 당시 생활에 만족했고 지금도 괜찮습니다. 누나만큼 넓은 영역에서 다양한 자극을 받지는 않았지만 제가 속한 작은 영역에서 깊은 관계를 맺었습니다. 동네의 평범한 가게에 드나드는 '보통' 사람들의 삶을 지켜봤고, 집 앞 공원이나 숲을 수도 없이 걸으며 저만의 생각에 잠기곤 했습니다.

그러나 사람들은 이런 일상을 '경험'으로 인정하지 않습니다. 특별한 구석이 하나도 없으니까요. 하지만 저는 그 안에서 저 나름대로 많은 걸 느끼고 배웠습니다. 이는 제 행복의 원천이 됐습니다. 우리 각자의 행복과 역량은 결코 일반적 의미의 경험의 양으로 결정되지 않습니다.

내 존재의 한계를 인지하기

실존주의의 형성에 핵심적인 역할을 한 철학자 야스퍼스는 '내 의지대로 모든 것을 통제할 수 없다'는 게 인간 삶의 절대적 사실이라고 생각했습니다. 인간은 상황 속에서 살아가는데, 상황은 끊임없이 바뀝니다. 내가 원하는 상황에서만 살 수는 없습니다. 우리는 고통받고, 의혹에 빠지고, 우연 속에 내던져지고, 좌절합니다. 내 의지대로 통제할 수 없는 상황, 이것이 바로 인간이 처한 "근본 상황"입니다. 이를 가리켜 야스퍼스는 "한계상황 Grenzsituation"이라고 표현했습니다.

저는 한계상황이 인간의 근본 상황이라는 야스퍼스의 주장에 동의합니다. 우리는 매 순간 근본적인 무력감을 느낍니다. 사실 우리의 의지는 언제나 좌절할 수밖에 없는 운명에 놓이지요. 우리는 많은 가능성만큼이나 많은 불가능성도 품고 있습니다. 평상시에는 인지하지 못하다가도, 이따금 한계상황의 무력감과 마주하게 됩니다. 제가 맛있는 걸 먹고 싶은데 돈이 없다고 가정해보죠. 제가 맛있는 걸 먹지 못하는 이유는 무엇인가요? 그건 돈이 없으면 맛있는 걸 먹을 수 없다는 자본주의 사회의 규칙 때문입니다. 저는 그 규칙이라는 상황에 내던져졌습니다. 그 상황은 제가 넘어설 수 없는 벽입니다.

질병과 죽음 앞에서의 무력함은 훨씬 더 근원적입니다. 원한다고 해서 통증이 사라지거나 건강해지지는 않기 때문입니다. 열심히 관리하고 치료를 잘 받는 게 최선이지만, 그렇다고 결과가 늘 좋은 건 아닙니다. 우리는 모두 나이가 들면서 병에 시달리고, 그러다 결국 죽습니다. 소중한 가족을 잃는 슬픔에서도 벗어날 수 없습니다. 이런 무력함과 좌절이 우리가 마주한 근본적인 상황입니다. 여기에서 벗어날 방법은 없습니다.

그런데 야스퍼스는 한계상황을 나쁜 것으로만 보지 않았습니다. 그는 한계상황이 철학적 통찰의 중요한 원천이라고 생각했습니다. 우리는 평소 한계상황을 똑바로 마주하지 않습니다. 그 좌절감이 고통스럽기 때문이죠. 그래서 마치 근본적 한계가 없는 것처럼 살아갑니다. 실패하지 않을 것처럼, 늙지 않을 것처럼, 죽지 않을 것처럼 말입니다. 하지만 이런 자세로는 자신의 존재 전체를 마주할 수 없습니다. 우리 존재는 한계상황을 분명히 포함하고 있기 때문입니다.

야스퍼스는 우리가 한계상황을 똑바로 인지할 때, 비로소 진정으로 나 "자신"이 된다고 주장했습니다. 한계상황은 내 모든 능력과 권한이 끝나는 지점, 즉 내 존재의 끝 지점입니다. 그 지점에서 내 존재를 바라보면, 이전의 일차적이고 피상적인 인식에서 벗어나 나를 더 전체적이고 깊이 있게 알 수 있게 됩니다.

다시 경험의 많고 적음에 관한 이야기로 돌아가 보죠. 한계상황에 대해 곰곰이 생각해 보면, 경험에는 양 말고도 '깊이'라는 차원이 있다는 걸 알게 됩니다. 우리는 평소 무력감과 좌절을 마주하는 게 불쾌하기 때문에 한계상황을 똑바로 보려 하지 않습니다. 내 안의 깊이를 보지 못하고 내 존재와 얕은 관계만 맺는 거죠.

주어진 모든 상황에는 눈에 보이는 것을 훨씬 뛰어넘는 깊이가 있습니다. 하지만 우린 그걸 깨닫지 못하고 그저 당장 더 편하고 즐거운 걸 좇습니다. 익숙한 행동이나 인식 패턴을 깨뜨리는 걸 두려워해서 남들이 하는 대로, 당장 즐겁고 안전한 방식으로 상황과 관계합니다.

예를 들어, 여행지에서 유명 관광지를 맹목적으로 방문하고 남들과 똑같은 사진을 찍어 SNS에 올립니다. 이렇게 적당한 즐거움을 느끼며 여행이라는 상황을 마무리합니다. 하지만 이건 여행을 깊이 경험하는 방식이 결코 아닙니다.

똑같은 곳을 여행해도 누군가는 그곳의 지리나 문화에 대해 배우고, 자기 자신을 포함해 인간 자체를 되돌아보는 시간을 가집니다. 여행이라는 상황 속에서 자신 나름의 한계를 찾고, 그 한계의 깊이까지 자신의 인식을 확장하는 거죠.

여행을 많이 하는 것, 여러 가지 일을 해보는 것, 다양한 사람을 만나는 것 등이 그 자체로 풍부한 경험이 되는 건 아닙니다. 깊이가 얕다면 경험은 아무리 많아도 행복이나 역량 발전으로 이어지지 않습니다. 나 자신의 한계를 마주하고 그 지점으로부터 다시 내 삶을 돌아보는 깊은 경험만이 우리의 실존을 풍부하게 하고 관점을 확장시킵니다.

깊은 경험은 꼭 특별해야 하는 것도 아닙니다. 집 앞 산책 같은 소소한 경험도 존재 전체를 마주하는 깊은 경험이 될 수 있습니다. 상황보다 중요한 건 그 상황을 받아들이는 우리의 자세입니다.

새로움은 필수가 아니다

요즘은 새로운 경험에 뒤처지면 낙오자가 되는 것만 같습니다. 연신 새로운 브랜드가 생겨나고 팝업 스토어가 쏟아집니다. 너도나도 다녀왔다고 말하면 나도 꼭 가야 할 것만 같습니다. SNS를 통해 새로운 정보가 빠르고 넓게 퍼지면서 이런 압박감은 더 심해졌습니다.

물론 일반적으로 다양한 경험은 인식 확장에 도움이 될 여지가 많습니다. 새로운 자극을 받으면, 나 자신과 세계의 다양한 면모를 깊이 통찰하게 되곤 하니까요.

철학자 중에도 특수한 경험을 통해 깨달음을 얻은 사람이 많습니다. 소크라테스[Socrates]는 참전 경험을 통해 기개와 용기에 대해 배웠고, 데카르트[Descartes]는 여러 나라를 여행하면서 확실하다고 믿어온 지식이 사실은 문화에 따라 상대적이라는 걸 알게 됐지요.

반대로 극히 좁은 경험뿐이었지만 생각이 넓고 깊었던 사람도 있습니다. 칸트[8]는 평생 자신이 태어난 마을 쾨니히스베르크를 떠난 적이 없다고 합니다. 그는 경건한 기독교 집안에서 자라 평생 같은 종교를 믿었습니다. 오직 책 그리고 마을 사람들과 대학 지식인들과의 대화를 통해서만 지식을 얻었죠. 평생 미혼이었고, 학문을 연구하고 가르치는 일에만 종사했습니다. 그럼에도 칸트는 놀랍도록 방대한 철학적 업적을 남겼습니다. 경험의 객관적인 형태보다 그 경험을 해석하는 것이 더 중요하다는 걸 보여주는 대표적인 사례입니다.

경험에 관해 논할 때 사람들이 자주 놓치는 중요한 사실이 또 하나 있습니다. 경험의 기준이 시대마다 달라진다는 것입니다. 지금 기준으로 보면 칸트는 턱없이 '적은'

경험을 한 것 같지만 그 시대에는 절대 다수가 자신이 태어난 동네를 죽을 때까지 벗어나지 않았습니다. 부모님이 하던 일을 이어받았고, 모태 신앙을 지켰습니다. 그 시대 기준으로 보면 칸트는 경험이 적었던 사람이 아니라 오히려 대학 교육을 받은 극소수의 특권층이었죠.

칸트가 살던 시대는 자유롭게 여행을 떠나지 못하던 때였기에, 외국에 다녀오는 건 엄청난 경험이자 사건이었을 겁니다. 지금도 경제 사정이 어려운 나라의 대다수 국민은 여행할 기회를 얻기 어렵습니다.

반면 한국 사회에서는 여행이 비교적 수월한 편이죠. 그래서 오히려 여행을 깊이 음미하기가 더 어려운지도 모르겠습니다. 한 번의 여행으로는 만족할 수 없고, 계속 새로운 곳을 욕망하게 되는 것이지요. 누군가에게는 평생 한 번뿐일 소중한 기회를 얕게 경험하게 되는 건, 이러한 사회적·문화적·시대적 환경의 영향이 큽니다.

진짜 중요한 건 한 번의 경험이라도 그것을 깊은 경험으로 만드는 능력입니다. 호텔에서 최고급 식사를 하기 위해 돈을 많이 버는 것보다, 원하던 비싼 메뉴를 먹었을 때 그 가치를 깊이 음미할 수 있는 통찰력을 키우는 게 중요합니다. 고도로 발전한 사회에서 우리에게 주어진 많은 기회를 유의미하게 만드는 건 다름 아닌 정신의 능력입니다.

"자신의 확신이
 불안정하다는 것을
 의식해야 한다.
 모든 결단은
 완결적 사건이 아니라
 과정으로서 존재한다."

내가 성장하고 있는지
어떻게 알 수 있을까?

한때 '노오력'[9]을 강조하는 분위기가 퍼진 적이 있습니다. 그런데 이 단어는 자칫 사람들에게 좋은 대학, 대기업, 고액 연봉을 누리지 못하는 건 노력이 부족해서라는 논리를 심어줄 수 있습니다. 특히 '노오력'을 지지하는 사람들은 남들이 우러러보는 조건을 갖춰야만 좋은 삶이라고 생각합니다. 그런데 그들은 자신이 믿는 기준이 신뢰할 만한 것인지, 진정 자신이 원하는 것인지 비판적으로 성찰했을까요? 그것이 과연 개개인의 삶을 일괄적으로 재단할 만큼 훌륭한 기준일까요?

물론 이런 생각이 들 수도 있습니다. 그래도 성장하려면 개인의 노력이 필요한 것 아닌가? 이런 궁금증도 일 것입니다. 나의 노력이 건강한 노력이라는 것을 어떻게 알 수 있지? 어제보다 오늘의 내가 좀 더 나아졌다고 어떻게 판단하지?

진보의 역설

가장 중요한 마지막 질문에 답하기 전에, 먼저 '진보'에 대해 이야기하겠습니다. '더 나아진다', '앞으로 나아간다' 같은 진보의 관념은 근대의 산물로, 비교적 최근에 생겨났습니다. 중국에서는 대대로 고대를 가장 이상적인 시대로 바라봤습니다. 특히 역사적으로 잘 확인되지도 않는, 아득히 먼 옛날의 왕국을 가장 이상적인 사회로 여겼죠. 중국인들은 요임금과 순임금이 다스렸다는 태평성대 이후로 인류 문명이 질서를 잃고 퇴락하는 중이라고 생각했습니다. 이런 관점에서는 진보란 없습니다. 오히려 뒤로 돌아가는 게 더 좋은 거니까요. 인도의 힌두 문화권이나 불교 문화권에서는 시간이 순환한다고 생각합니다. 시간이 과거에서 미래로 직선으로 나아가는 게 아니라, 시작과 끝을 주기적으로 반복한다는 겁니다. 이런 관점에서 세계는 창조와 파괴가 반복되는 과정일 뿐입니다.

진보적 관념은 근대 서양에서 퍼지기 시작했습니다. 역사는 앞으로 나아간다는 믿음, 인간 사회가 점점 더 합리적으로 발전하고 자유가 증대된다는 믿음이 사람들을 사로잡았지요. 철학적으로는 '세계와 인간의 의식이 자신 안에 품고 있는 근본적 원리에 따라 역사를 거치면서 완성된 모습으로 나아간다'는 헤겔[10]의 변증법 사상이 이런 의식을 대표적으로 담고 있었습니다.

헤겔 말고도 계몽시대의 수많은 사람이 인류 문명이 시간의 흐름에 따라 진보한다는 의식을 품었습니다. 마르크스[11]의 공산주의 사상도 이러한 진보의 관념에서 나왔습니다. 그는 시간이 흐를수록 생산 기술이 발전하니 결국에는 혁명을 통해 사람들이 열악한 노동 조건에서 해방되고, 모두가 적당히 일하며 행복하게 사는 사회가 건설되리라 믿었습니다.

그런데 아이러니하게 진보의 관념이 서구 사회를 휩쓸었을 때, 인류 역사상 가장 참혹한 일들이 벌어졌습니다. 폭력적인 식민 지배와 세계 대전으로 수많은 사람이 죽었습니다. 잔인한 생화학무기가 발명됐고 핵무기가 투하됐습니다. 한국도 이 진보의 물결 속에서 아픔을 겪었습니다. 식민 지배의 폭력과 문화 말살 모두 '더 나은' 사회로 나아간다는 명목하에 진행됐으니까요.

'진보의 역설'이 펼쳐진 것입니다. 사람들은 진보를 평가하는 특정한 기준을 세워놓고 이에 맞춰 모든 걸 평가하고, 기준에 안 맞는 건 모두 제거하기에 이르렀습니다. 이러한 전체주의적 사고방식의 극단을 보여준 것이 바로 파시즘이죠. 더 훌륭한 사회를 위해 특정 민족을 뿌리 뽑아야 한다는 생각이 대량학살로 이어졌습니다.

자기비판의 중요성

진보 관념이 인류 역사에 커다란 파멸을 불러온 핵심적인 이유는 당시 사회에 자기의식이 부족해서였습니다. 사회가 뭘 하고 있는지, 어디로 나아가는지, 이 사회가 추구하는 방향이 맞는지 살펴보려는 의식이 약했던 것이죠. 그저 괴물처럼 자기 확신에 가득 차 앞으로 나아가기만 했습니다. 누군가는 멈춰 서서 비판적인 질문을 던지고 사회를 돌아보자고 촉구했어야 했는데, 그 당시엔 비판의 목소리보다 무비판적 진보의 열망이 훨씬 강력했습니다. 그렇게 자기비판 없는 자기 확신이 사회를 휩쓸었지요.

개인의 삶도 마찬가지입니다. 우리는 흔히 삶에 '나아짐의 방향'이 있다고 생각합니다. 연봉을 높이는 것, 시험 점수를 올리는 것, 몸을 가꾸는 것 등이 그렇죠. 물론 작다면 작고, 크다면 큰 일상의 성취들은 개인 행복에 매우 중요한 역할을 합니다. 무언가를 성취하며 더 나아졌다고 생각하는 건 지극히 자연스러운 일입니다.

그런데 자기의식 없이 일반적 기준에 따라 성취와 진보를 평가하면 문제가 생기기 쉽습니다. 사회가 정해놓은, 혹은 자의적으로 세운 기준을 무비판적으로 받아들이면서 자신과 타인을 평가하게 됩니다. '정해진 것들'을 충족해야만 좋은 삶이라고 생각하는 거죠.

사실 우리는 어떨 때 더 나은 내가 되는지 잘 알고 있습니다. 육체와 정신 건강, 인간관계, 학업이나 일에서 조금씩 발전하면 더 행복한 삶을 살게 된다는 건 매우 합리적인 믿음입니다. 인류의 오랜 지혜로부터 나온 기준이기도 하죠. 그런데 이런 자명한 기준조차도 변할 수 있음을 의식하는 게 중요합니다. 자명한 기준 자체는 변하지 않는다 해도, 이를 해석하는 방식은 다양할 수 있습니다. 예를 들어서, '건강한 정신'이 무엇인지는 그 의미가 가변적입니다. 그 다양성을 의식하는 건 자신을 향한 비판적 의식과 직결됩니다. 내가 지금 믿고 있는 기준이 여러 방식으로 해석될 수 있다는 것, 어떤 관점에선 옳지 않을 수 있음을 인지하는 건 가장 깊은 수준의 자기의식입니다. 이 가변성을 망각할 때 삶은 폭력적인 전체주의로 변모합니다.

실존주의의 특징은 가치에 대한 일괄적인 기준을 딱히 설정하지 않는다는 겁니다. 실존주의자들은 어떤 행동이 옳은지, 이 사건에 가치가 있는지 등에 관해 철학적 답변을 내놓기를 조심스러워합니다. 그보다는 불확실성 속에서 자기의식을 통해 각각의 결정을 주도적으로 내리며 상황을 헤쳐 나가는 자세를 강조하죠.

야스퍼스는 "결단의 확실성조차도 불안정성이 남아 있어야 한다"고 말했습니다. 이때의 결단이란 자신 안에 놓인 자유를 또렷하게 의식하는 것입니다. 일반적으로 우리는 어떤 행동을 할 때 내가 그 행동을 '하거나 하지 않을 자유'를 가졌다는 걸 의식하지 못합니다. 카페에서 차를 마실 때, 차를 마시지 않을 수도 있다고 생각하지 않는다는 거죠. 선택의 자유를 인지한 것과 그렇지 않은 것은 차이가 매우 큽니다. 야스퍼스는 내 자유에 대한 확실한 자기의식을 가지고 선택으로 나아가는 것을 '결단'이라고 불렀습니다.

그런데 야스퍼스는 결단의 순간에도 불안정성이 있어야 한다고 말합니다. 그는 결단과 불안정성은 대치되는 게 아니라 서로의 조건이 된다고 보았습니다. 결단이 완전히 확실하다고 믿으면 독단이 되므로, 진정한 결단은 오히려 자신의 확신이 불안정하다는 의식을 필요로 한다는 것이죠.

내가 진정으로 확실히 알 수 있는 건 아무것도 없고, 언제 재난을 맞닥뜨릴지 모르며, 지금 추구하는 가치가 언제 무너질지 모른다는 끝없는 자기비판의 의식을 가져야만 비로소 결단할 줄 아는 사람이라고 볼 수 있다는 겁니다. 결단은 결코 완결적인 사건이 아니며 오직 끝에 이르지 않는 과정으로서만 존재합니다.

'내가 성장하고 있는지 어떻게 알 수 있을까?', '어제보다 오늘의 내가 좀 더 나아졌다는 걸 어떻게 알 수 있을까?' 이 질문에 이렇게 답하고 싶습니다. 우리는 결코 어제보다 오늘의 내가 좀 더 나아졌는지 알 수 없습니다. 나아짐에는 언제나 기준이 필요하지만, 지금의 기준이 나중에도 유효할지는 알 수 없습니다. 인생은 순간이 아닌 전체적 과정으로 이루어집니다. 우리가 스무 살 때 내린 진보의 판단이 서른 살 때는 틀린 것으로 드러날 수 있습니다.

그런데 지금 사회는 '알 수 없음' 상태에서 조바심을 느끼도록 흘러가고 있습니다. 현재 한국 사회는 고도성장 단계를 지나 저성장시대로 접어들었습니다. 계층의 사다리는 무너졌습니다. 인공지능 등 신기술이 빠르게 발전하고 있으며, 많은 직업이 사라지고 있습니다. 이런 상황에서 우리는 어제보다 오늘의 내가 나아졌는지 계속 확인해야 한다는 압박감을 느낍니다. 자신이 언제 도태될지 모른다는 조바심을 갖게 되는 거죠.

하지만 불확실한 상황에서는 정해진 기준을 향해 맹목적으로 나아가는 사람보다 무지와 불안정성을 받아들이는 사람이 더 유리합니다. 기준이 변할 수 있다는 사실을 의식하고 자신을 다양한 관점에서 되돌아볼 수 있어서 사회의 변화에도 잘 적응하기 때문입니다. 사회가 빠르게 변할수록 일상에서의 자기의식과 성찰은 더 중요해집니다. 자기의식이 있는 사람은 변화하는 조건에서 매번 기준을 조정하며 상황을 유연하게 헤쳐 나갈 수 있습니다.

마지막으로, '불안정성'이라고 언급한 야스퍼스의 단어는 사실 '두둥실 떠다님'이라는 뜻의 독일어 단어 'Schwebe'라는 걸 짚어두고자 합니다. 우리가 어제보다 오늘의 내가 더 나아졌는지 '알고 싶어' 하는 이유는 확실한 앎이 우리에게 안정성과 위안을 주기 때문입니다. 하지만 자기의식 없는 앎은 환상으로 변질됩니다. 자신에 대한 비판적 성찰이 없으면 앎은 안다는 착각으로 변합니다. 우리는 어제보다 오늘의 내가 더 나아졌는지 알려고 하기보다, 확실한 앎 없이도 삶을 만끽하고 상황을 헤쳐 나가는 법을 배워야 합니다. 하나의 기준에 뿌리 내리는 것보다 두둥실 떠다니며 삶을 이끌어나가는 자세가 더 중요해지는 시대입니다.

나를
괴롭히는
감정에
대하여

03

"불안은

　나 자신에 대한 것이다.

　내가 책임을 지고

　삶을 이끌어야 한다는 것이

　불안의 근원이다."

실패는 어떻게 극복할 수 있을까?

'실패는 성공의 어머니'라는 말이 있습니다. 그런데 이 말은 해석에 따라 그 타당성이 참 많이 달라집니다. 물론 실패를 겪으며 얻은 깨달음으로 나중에 더 큰 성공을 거두기도 합니다. 하지만 실패가 항상 가르침을 주는 건 아닙니다. 사실 대부분 실패는 별다른 가르침 없이 쓰라린 경험으로 끝나기 일쑤입니다. 오히려 실패로 자신감이 낮아져서 평소라면 잘했을 일을 그르칠 때도 많죠.

세계적으로 인기가 많은 e-스포츠 리그 오브 레전드의 전설적인 선수이자 해설가 클템(이현우)이 이런 이야기를 한 적이 있습니다. "승리할 때 제일 배우는 게 많아요."
흔히 경기에서 졌을 때 많은 이가 "패배를 통해 많은 걸
배울 수 있어!"라며 위로합니다. 그런데 클템은 승리를
통해 배우는 게 훨씬 더 많다고 말합니다. '이런 상황에서
는 이렇게 하면 유리하구나, 이런 타이밍에 조심해야 하
는구나, 이럴 때는 과감하게 플레이해야 이길 수 있구나.'
이렇게 자신만의 깨달음을 얻는 거죠. 승리 감각을 익히
면 다음번에도 비슷한 상황에서 이기는 플레이를 할 수
있습니다. 반면 패배를 반복한 선수는 어떨까요. 도통 감
을 잡지 못해 점점 소극적인 플레이어가 되기 쉽습니다.

공부도 비슷합니다. 최상위권 성적을 거둬본 학생은
비교적 수월하게 높은 성적을 유지하게 됩니다. 어떻게
해야 시험을 잘 보는지 감각을 익혔거든요. 반면 원하는
성적을 내지 못한 학생은 계속 헤매게 됩니다. 무엇이 최
적의 공부법인지 헷갈리기 때문이죠. 다시 생각해보고 싶
습니다. 과연 실패는 정말로 성공의 어머니일까요?

실패는 그 자체로 성공의 어머니가 될 수 없습니다.
우리가 실패를 활용할 줄 알 때 비로소 성공의 교두보가

됩니다.

사람들은 실패를 겪으면 대부분 얼른 잊으려 합니다. 실패를 잊기 위해 술을 마시기도 하고, 친구에게 하소연하거나, 클럽에 가서 춤을 추며 머릿속을 비우기도 하죠. 취미 생활에 몰두하거나 다음 도전에 바로 집중하는 경우도 있습니다. 한편, 계속 실패를 곱씹으며 좌절감에 빠져 있을 수도 있겠지요. 사실 이 또한 실패를 '잊는' 하나의 방법입니다. 실패로 인한 좌절에 빠져 있는 건 실패를 정면으로 마주하고 실패의 다양한 측면을 있는 그대로 바라보는 것과는 다릅니다. 정신없이 실패에 빠져듦으로써, 실패의 정확한 모습을 잊는 겁니다.

우리는 실패로부터 도망치지 않을 때만 비로소 실패를 활용할 수 있습니다. 실패를 마주 보며 찬찬히 시간을 보낼 수 있어야 한다는 겁니다. 실패는 이미 고통스러운 경험이지만 그 고통과 씁쓸함을 떠안고 실패 속으로 깊이 들어가야 합니다. 실패의 상황이 어땠으며, 실패가 왜 일어났으며, 그 실패는 어떤 결과를 불러왔는지 샅샅이 분석할 수 있어야 합니다. 그래야만 그 지식을 바탕으로 이후에 더 좋은 결과를 만들어낼 수 있습니다.

유대인들은 조상들이 겪은 수난의 역사를 자녀 세대에게 교육하는 걸 매우 중시합니다. 조상의 성공 사례보다 실패 사례를 훨씬 강조해서 가르치는 겁니다. 한국으로 비유하자면, 광개토대왕의 업적보다 고구려가 패망한 이유를 더 중점적으로 가르치는 거라고 볼 수 있습니다. 유대인들은 과거의 실패를 명확히 기억하고, 그걸 계속 현재의 토론 대상으로 만듭니다. 그럼으로써 실패를 반복하지 않을 방법을 발견하고, 미래의 고난에 대비합니다. 우리는 유대인들에게서 이런 자세를 배워야 합니다.

예컨대, 중요한 면접에서 떨어졌다고 해보죠. 엄청난 상실감에 면접 당시의 기억은 떠올리기조차 싫을 겁니다. 실제 저는 한 유명 PD가 출연자를 뽑는 면접을 본 적이 있습니다. 거의 뽑힐 것 같다고 사전에 이야기를 들어 상당히 기대했습니다. 하지만 결과는 불합격이었죠. 크게 실망했지만 '오히려 좋아. 출연했다면 욕만 먹었을 거야'라고 위안 삼았습니다. 하지만 이런 위안으로 달라지는 건 없습니다. 실패가 헛수고가 되지 않기 위해선 면접 당시의 상황을 마주해야 합니다. 화법, 목소리, 태도, 심사자와의 상호작용 등을 복기하며 다음 면접을 대비해야 하는 것이지요.

불안을 인정하는 자세

하이데거는 모든 인간의 가장 깊은 곳에는 근원적 불안이 자리하고 있다고 생각했습니다. 그는 우리가 평소불안을 느끼지 않을 때조차도 마음 깊은 곳에 불안이 숨어 있다고 주장했지요. 우리가 흔히 '불안감'이라고 부르는 감정은 없을지 몰라도, 다른 의미의 더 깊은 불안이 존재한다는 겁니다.

하이데거는 공포와 불안을 구별합니다. 그의 생각에공포는 세계 안의 특정 대상에 대해 일어납니다. 예를 들어, 강도가 내게 달려들면 나는 공포를 느끼겠죠. 공포는나를 위협하는 대상을 향해서 일어납니다. 그런데 불안은특정 대상을 갖지 않습니다. '세계 안의 대상'을 향한다기보다는 '세계 자체'에 대한 것입니다. 아무것도 나를 위협하지 않을 때도 불안은 불현듯 일어나곤 합니다.

불안은 외부 대상이 아닌 나 자신에 대한 것입니다.이 세상에서 아무것도 내 존재를 최종적으로 책임져주지않는다는 것, 그리고 결국에는 오직 내가 모든 책임을 지고 각종 결정을 내리며 삶을 이끌어가야 한다는 것. 이게곧 불안의 근원입니다.

인간은 결국 고독한 존재입니다. 나 말고는 아무도 내 삶을 진정한 의미에서 책임져줄 수 없습니다. 나는 이 삶이 처음인 초보자인데, 세상은 가혹하게도 나에게 주인공 역할을 요구합니다. 우리는 대본도 없이 주인공으로서 저마다의 삶의 무대에 내던져집니다. 그래서 모든 사람은 삶에 대한 부담감, 무게감, 불안을 품고 살아갈 수밖에 없습니다. 초보 배우가 주인공 역을 맡으면 무대에서 중압감을 느끼듯이요.

그런데 평소 우리는 이 근원적인 불안을 애써 외면합니다. 하이데거의 표현을 빌리자면, 우리는 불안으로부터 "도망치며" 살아갑니다. 내 존재의 책임과 중압감을 있는 그대로 바라보는 건 결코 편안하지 않습니다. 그 불편한 느낌을 피하려면, 나 자신으로부터 시선을 분산시켜야 합니다. 따라서 우리는 끊임없이 세계 속으로 도망쳐 여러 대상에 관심을 쏟습니다. 물건에 집착하고, 사람 만나는 데 에너지를 쓰고, 휴대폰을 들여다보며 내 존재를 잊습니다. 나를 망각하는 순간만큼은 마음이 편안할 수 있겠지만 그런다고 불안이 사라지지는 않습니다.

하이데거가 말하는 불안을 인지하고 다시 생각해보

면, 우리가 평소 어떤 일이나 대상에 열중할 때 과연 그것이 순수한 의지에 의한 것인지 의심이 듭니다. 예를 들어, 틈만 나면 자기계발 콘텐츠를 보는 데 혈안인 사람은 자기계발을 간절히 원한다기보다는 고요하게 자신의 존재를 마주할 용기가 없는 것일 수 있습니다. 스스로를 책임지고 주어진 시간을 채워가야 한다는 사실이 버겁기 때문에 자기계발 콘텐츠라는 외적 대상에 몰입하는 거죠. 분주하게 콘텐츠를 소비하는 순간만큼은 삶의 부담이 사라지는 것 같으니까요. 하지만 근원적 불안은 사라지지 않습니다. 그게 없는 것처럼 자신을 속일 뿐이죠. 이런 사람은 무언가를 열심히 좇지만, 그걸 왜 좇는지 잘못 이해하고 있는 것입니다.

실패에서 배움을 얻으려 할 때도 비슷한 일이 일어납니다. 문제를 알아내고 고쳐서 앞으로 나아가야 하는데 곁가지에만 주목하며 핵심을 놓치는 겁니다. 일례로, 오답노트를 생각해볼 수 있습니다. 많은 수험생이 오답노트를 만듭니다. 문제를 왜 틀렸는지 분석하고 정리하는 거죠. 이는 제가 앞서서 말한, 실패를 정면으로 마주하며 배움의 원천으로 활용하는 행위처럼 보입니다.

하지만 여기 함정이 하나 있습니다. 오답노트를 적으
며 시험장에서 저지른 오류에는 주목하지만, 막상 그 오
류의 더 근원적인 원인에는 주목하지 않는다는 겁니다.
시험장에서 오류를 저지른 건 시간 압박을 받았기 때문이
었을지도 모릅니다. 시간 압박을 받았던 건 문제를 시간
안에 여유롭게 풀어낼 훈련이 돼 있지 않았기 때문일 수
있고요. 그런데 오답노트를 적는 많은 수험생은 이런 본
질적인 문제는 보려 하지 않고, 그저 하나하나의 문제를
어떤 과정으로 풀었는지 돌아보며 풀이 과정에 문제가 있
었던 것으로 결론짓습니다. 근본적으로 왜 그런 풀이 과
정을 겪게 됐는지는 생각하지 않고 말입니다.

본질적인 문제에 주목하는 게 심리적으로 고통스럽다
보니 이렇게 비본질적인 문제에 집중하는 것입니다. 생활
습관, 공부량, 수업 듣는 태도 등 시험 성적과 본질적으로
연결되는 요소를 바꾸는 건 매우 어렵습니다. 단순히 한
문제 한 문제 단편적인 풀이를 배우는 것보다 훨씬 더 큰
노력이 필요하죠. 그런 노력은 지난할 게 뻔하기 때문에,
본질적 문제로부터 자기도 모르게 도망치게 됩니다. 오답

노트를 적으며 자신의 실수를 열심히 분석한다고 생각하지만, 그건 어디까지나 본질을 피하는 '도피성 분석'일 수 있습니다.

우리는 근원으로부터 도망가는 분석이 아닌, 실체의 가장 깊은 중심으로 파고 들어가는 분석을 해야 합니다. 그래야만 정말로 실패에서 많은 것을 배울 수 있습니다.

'나는 열심히 하는데 왜 성공을 거두지 못할까'라고 고민하는 사람이 많습니다. 때론 상황적 조건 자체가 안 좋거나 운이 나빠서이기도 합니다. 혹은 목표를 너무 높게 잡는 경우도 있죠. 하지만 내가 가진 자원과 노력을 통해 충분히 이룰 수 있을 것처럼 보이는 합리적인 목표를 정했음에도 자꾸만 실패하는 경우도 있습니다. 심지어 실패를 분석하고 문제를 고치기 위해 노력하는데도 계속 결과가 잘 안 나올 때가 있죠. 이런 경우에는 자신이 도피성 분석을 하고 있는 게 아닌지 의심해야 합니다. 실패의 핵심을 똑바로 마주하는 게 불쾌해서 혹은 두려워서 자꾸만 곁가지 문제를 끄집어내 시간을 낭비하는 건 아닌지요.

"현대사회에서
 두려움은 주로
 너무 많은 희망 때문에
 생겨난다."

두려움에 어떻게 대처해야 할까?

저는 긴장을 아주 많이 하는 편입니다. 중요한 일을 앞두면 정신적 압박이 심할 뿐 아니라 여러 신체적 증상도 나타납니다. 화장실에 지나치게 자주 가고, 몸이 저리기도 하죠. 이토록 극도로 긴장하면 일은 대체로 잘 안 풀립니다. 축구 대회에 나갔을 땐 몸이 경직된 나머지 공을 잘못 차서 발을 삐었고, 농구대회에서는 손가락이 부러지기도 했습니다. 평소 친구들과 운동할 때처럼 편안한 마음으로 했다면 이러지 않았을 텐데, 대회나 시합처럼 긴장되는 상황에서는 부상이 잦습니다.

긴장은 더욱 중요한 상황에서도 제 발목을 잡았습니다. 국비장학생 면접을 볼 때였습니다. 당시 저는 유학을 준비하고 있었고, 반드시 장학금을 받아야 하는 상황이었습니다. 운 좋게도 수천만 원을 지원받을 수 있는 국비장학생 선발에서 2:1 경쟁률만 뚫으면 되는 최종면접에 올랐습니다. '거의 다 왔다'고 생각했죠. 최종면접에서 '완벽한' 모습을 보이고 승리를 거머쥐고 싶었는데 아뿔싸, 지나치게 긴장하는 바람에 벌벌 떨면서 말을 더듬고 말았습니다. 결국 합격을 코앞에 두고 떨어졌습니다.

직업인이 되고도 이러한 일들은 계속됐습니다. 프리랜서 특성상 업체에 능력을 증명하고 계약을 따내야 하는 경우가 많은데, 욕심나는 일일수록 잘 보이려는 마음에 지나치게 긴장해 어김없이 경직됐고 일은 어그러졌습니다. 이런 경험을 반복하면서, 저는 '마음을 가볍게 먹는 것'의 중요성을 많이 느꼈습니다.

잘하려고 부담을 가지면 내 다짐에 짓눌려 내면의 공간이 좁아집니다. 동시에 여유가 없어지죠. 나를 둘러싼 상황이 전부 극복해야 할 대상으로 보이고, 대상이 실제보다 더 위협적으로 느껴집니다. 위협에 하나하나 대응하려고 분투하느라 에너지가 남아나지 않습니다. 결과적으로 다른 사람의 말이나 행동에 유연하게 대처할 수 없고, 역량을 발휘하지 못하게 됩니다. 이것이 제가 그간 겪어온 실패의 핵심 원인입니다.

가벼운 마음을 가지면 많은 게 달라집니다. 마주한 일에 '꼭 성공해야 한다'거나 '최선의 모습을 보여야 한다'는 생각을 버리게 됩니다. 그럼 훨씬 자연스럽게 상황에 대처할 수 있습니다. 주변 대상을 위협적인 것, 극복해야 할 것이 아니라, 그저 지금 이 순간 마주하고 있는 것으로 인지할 수 있습니다. 상황을 친구처럼 대하며, 평소 하던 대로 제 실력을 발휘할 수 있게 됩니다. '실패한다고 해서 인생이 망하는 건 아니다. 이 또한 지나간다. 기회는 또 온다.' 이러한 자세가 용기와 여유의 원천이 됩니다.

연극배우의 운명

카뮈[12]는 그의 책 《시지프 신화》에서 아주 창의적인 분석을 하나 제시합니다. 그는 부조리를 안고 살아가는 사람과 연극배우 사이에 중요한 공통점을 발견합니다. 그

건 바로 헛된 시도를 끝없이 반복한다는 점입니다.

먼저, 부조리를 안고 살아가는 사람은 삶의 이유나 의미가 최종적으로 증명될 수 없다는 걸 알면서도 그 미해결의 상황을 떠안고 계속 살아갑니다. 어차피 죽으면 모든 게 끝일 겁니다. 살아가야 할 이유가 없으니 죽어도 그만입니다. 하지만 그는 이 삶을, 최종적인 무의미의 관점에서 봤을 때는 정말 헛돼 보이는 이 일상의 과정을 유지해 나가기로 결정합니다. 모든 시도가 다 무의미하지만, 그래도 그는 멈추지 않고 계속 여러 일을 시도합니다.

연극배우는 어떤가요? 카뮈처럼 문학적 상상력을 발휘해 생각해보죠. 연극배우는 매일 무대 위에서 하나의 삶을 실현해냅니다. 한 명의 등장인물이 되어 할당된 시간만큼을 살고 종말을 맞이합니다. 많은 사건을 겪고 여러 행동을 하지만, 그 모든 삶의 궤적은 무대의 막이 내려가는 순간 종료됩니다. 연극배우는 매일 헛된 시도를 벌입니다. 무대의 조명과 함께 시작됐다가 이내 어둠 속에서 끝을 맞이할 찰나의 삶을 창조해내는 것. 그게 연극배우라는 직업의 소명이죠.

카뮈는 연극배우는 영화배우와 근본적으로 다르다고

주장합니다. 영화배우는 자신의 모습을 영원히 지속될 화면에 남깁니다. 반면 연극배우는 영원성에 대한 희망 없이, 자신에게 주어진 운명의 시작과 끝을 송두리째 경험한 후 무대에서 흔적도 없이 사라집니다.

카뮈는 연극배우의 모습 안에서 부조리(이성을 통해 도저히 답을 찾아낼 수 없는 것)의 전형을 발견합니다. 연극배우의 말과 몸짓은 그날의 무대에서 실현된 후 속절없이 사라져버리지만, 그럼에도 연극배우는 날마다 새롭게 자신의 연기를 시도합니다. 카뮈는 이 과정이 우리의 부조리한 삶과 같다고 보았습니다.

우리는 연극의 등장인물처럼 느닷없이 탄생해 주어진 시간을 산 후 침묵 속으로 사라집니다. 영원한 시간의 관점에서 보면 삶은 찰나 같고, 아무런 의미도 없는 진동에 불과합니다. 그래도 멈추지 않고 자신의 운명을 모조리 살아내려는 인간 한 명 한 명의 시도는 처연하기도 하고 경이롭기도 합니다. 무대에서 모든 걸 쏟아내는 연극배우의 눈빛에서 처절함과 놀라운 힘이 동시에 느껴지는 것처럼요.

인생을 연극처럼

내게 주어진 상황이 두렵고 부담스러울 때, 삶이 한 편의 연극 같다고 생각해보면 어떨까요? 우리는 영원히 지속될 흔적 하나 남기지 못한 채, 지금 이 무대를 채우다가 시간이 되면 사라질 존재라고 보는 거죠. 우리 행동은 정해진 시간 동안만 유효하고 머지않아 흙먼지와 파동이 되어 흩어질 거라고요. 점점 증가하는 엔트로피 속에서, 한 운명의 행적은 완전히 망각될 거라고요. 그러면 마음이 한결 가벼워질 겁니다. 가벼운 마음이 되면 정신에 여유 공간이 생기고, 상황은 덜 위협적으로 보이게 될 겁니다.

이쯤에서 카뮈가 왜 자신을 실존주의자로 부르길 거부했는지 살펴볼 필요가 있습니다. 그가 보기에 실존주의는 너무 무겁고 장엄했기 때문입니다. 그의 생각에 당대 실존주의자들은 인간의 자유, 행위, 결정, 고유성 등에 지나치게 많은 의미를 부여하고 그것들이 영원한 진리인 것처럼 말했습니다. '인간의 실존은 자신 고유의 결정을 통해 행위를 이끌어나가며 자유롭게 삶을 채워가는 과정을 통해 이뤄진다는 것.' 이를 실존주의자들이 종교적 교리, 영원한 의미나 정답처럼 여긴다고 본 것입니다. 저는 실존주의를 이렇게까지 무겁게 해석할 필요는 없다고 생각하지만, 어쨌든 일부 그런 면이 있었다는 건 부정할 수 없습니다.

카뮈는 인간 존재를 훨씬 더 가볍게 받아들이길 원했습니다. 그는 인간이 고유한 결정의 책임을 떠안은 존재라기보다, 그 어떤 최종적 책임 없이도 그저 살아갈 수 있는 존재라고 봤습니다. 살아야 할 이유가 없지만 살 수는 있고, 행위를 할 이유 따윈 없지만 행위 할 수 있는 그런 애매모호한 운명에 처한 게 인간이라는 거죠.

그래서 소설가이기도 했던 카뮈는 사람들에게 희망이나 의미를 주는 소설을 쓰지 않으려고 노력했습니다. 자칫 사람들이 소설에서 영원한 의미를 발견하고, 그걸 삶의 희망으로 받아들일까 우려했거든요. 사람들이 희망에 의존하고, 그걸 계속 붙잡으려 전전긍긍하다 보면 무거운 마음을 갖게 될 테니까요.

그는 삶에 희망을 주는 의미를 발견하기보다, 그런 게 없이도 그저 살아갈 수 있는 가벼운 마음을 갖는 게 더 중요하다고 생각했습니다. 그리고 소설은 그런 희망 없는 삶의 가능성을 보여줘야 한다고 생각했죠. 희망 없이도 살아지는 삶을요.

현대사회에서 두려움은 주로 너무 많은 희망 때문에 생겨납니다. 문명이 고도로 발전한 지금, 일상에서 생명의 위협으로 두려움을 느끼는 경우는 비교적 적습니다. 그보다 우리는 희망이 무너질까 봐 걱정하고 두려워합니다. 이런 현대적 삶의 조건에서 카뮈가 말하는 희망 없는 삶의 메시지는 깊은 울림을 줍니다.

삶을 하나의 연극으로 바라본다면 희망과 거리를 둘 수 있습니다. 무대 위에서 펼친 행위가 모두 공허 속으로 사라질 테지만 그래도 연기를 하는 연극배우처럼, 지금의 삶이 언젠가 사라져버릴 테지만 그저 살아가는 것이라고 여기고 이를 덤덤히 받아들일 수 있다면 일이 뜻대로 풀리지 않을까 봐 전전긍긍하며 두려워하는 마음은 줄어들 겁니다.

사실 저는 희망으로부터 자유롭지 못합니다. 인생을 잘 살고 싶다는 욕망과 희망 속에 살고 있으며, 그렇게 되지 않으면 어쩌나 두려운 마음을 품고 삽니다. 이런 마음이 커질 때마다, 희망에 부풀어 무거운 마음을 먹을 때마다 카뮈의 이야기를 떠올립니다. 우리는 모두 언젠가 잊힐 헛된 시도를 하는 거라고요.

"과거가 당신 존재의
한 부분을 이루고
있을지언정,
당신의 정체성 전체를
확정짓지는 않는다."

과거의 아픔에서 벗어날 수 있을까?

    체코 출신 소설가 밀란 쿤데라^{Milan Kundera}는 인간의 실존적 상황을 기막히게 묘사한 타고난 이야기꾼입니다. 그는 실존주의와 직접 관련을 맺고 있진 않지만, 그를 '실존주의 문학의 계승자'로 보는 평론가들도 있습니다. 그는 실존주의의 대표 주자 사르트르의 소개로 프랑스 문학계에 발을 들였으며, 사르트르의 글을 체코어로 번역하는 데 앞장서기도 했습니다. 또한 대표작 《참을 수 없는 존재의 가벼움》에서 니체의 철학을 약간 비틀어 핵심 모티프로 사용하기도 했지요. 스스로 자신의 소설을 "실존에 대한 탐구"라고 말하기도 했고요.

쿤데라의 소설《농담》에는 실존주의 소설가들이 많이 사용한 '전락'의 모티프가 등장합니다. 카프카^{Franz Kafka}의 소설《변신》도 일종의 전락의 상황을 다루고 있다고 볼 수 있습니다. 소설에서 주인공 그레고르 잠자는 사회적 관계, 명예, 업적, 커리어 등을 모두 강탈당하고 보잘 것없는 신세가 됩니다(이 소설은 다음 편에서 자세히 다루겠습니다).

《농담》에서는 농담 때문에 전락이 일어납니다. 주인공 루드비크는 공산 정권 시절 체코에서 전도유망한 대학생이었습니다. 공부도 잘했고 당에서 중요한 직책도 맡았죠. 그러다 한 여학생과 사랑에 빠져 방학에 단둘이 시간을 보낼 계획을 세웁니다. 하지만 그 여학생은 공산당 교육을 받으러 떠나버리고, 심지어 교육이 재미있다고 편지까지 보내옵니다. 그걸 읽고 짜증이 난 루드비크는 농담조로 공산당을 비판하는 내용을 답장에 쓰죠. 그리고 그 내용이 발각돼 문제가 됩니다.

결국 루드비크는 모든 직책을 박탈당한 채 학교에서 쫓겨나고 수용소에 보내집니다. 심지어 믿었던 친구 제마네크가 그를 내쫓는 데 앞장섭니다. 이후 루드비크의 삶에는 긴 고난이 닥칩니다. 그는 대학과 사회주의 그리고 제마네크를 마음속으로 저주하며 기나긴 시간을 침울하게 보내죠.

15년 후, 루드비크는 우여곡절 끝에 사회에서 자리를 잡습니다. 게다가 옛 동료 제마네크에게 복수할 기회도 만나게 됩니다. 그런데 제마네크와 재회했을 때, 루드비크는 그가 자신이 15년 전에 알던 그 사람이 아니라는 걸 깨닫습니다. 과거에 제마네크는 사회주의를 열렬히 옹호하며 반대자를 척결하는 데 앞장섰습니다. 그런데 지금은 사회주의를 찬양하기는커녕 오히려 공산당이 사람들의 권리를 침해하지 않도록 막는 데 열심이었습니다.

그때 루드비크는 깨닫습니다. 자신이 복수하려던 대상은 과거에, 자신의 환상으로만 존재할 뿐이며, 현재 시점에서 진정한 복수는 불가능하다는 것을요. 지난 15년간 자신은 엉뚱한 증오심에 휩싸여 쓸데없이 침울하게 살아왔다는 것을요. 비로소 그는 자신의 운명에 관해 묘한 따스함을 느낍니다. 현재를 옭아맸던 과거의 사슬이 스르르 풀려났기 때문입니다. 그는 이제 현재를 살 수 있다고,

과거에 겪었던 억울함과 수모가 더 이상 자신의 삶을 규정짓지 않는다고 느낍니다.

상처는 언제나 과거다

우리를 괴롭히는 말이나 사건은 언제나 과거에 존재합니다. 어제 들은 말, 지난달에 받은 평가는 모두 그 과거에 존재하며, 현재는 이미 그것을 넘어서 있습니다. 그런데 그것을 마음속에 보존하고 그걸 통해 현재를 이해하려 들면, 자괴감이 커지기 마련입니다. 속으로 잘못된 생각을 키울 때 더더욱 그렇습니다. '그 교수님은 나한테 낮은 점수를 줬어. 그럼 나를 별로 안 좋게 보시겠지?', '이 친구는 고등학생일 때 나랑 거리를 뒀어. 그럼 지금 만나도 나한테 별 관심이 없을 거야.' 이런 식으로 과거에 근거해 현재를 규정지으면, 과거의 상처는 현재의 아픔으로 이어집니다.

우리는 과거로부터 자유로워져야 합니다. 과거는 결코 현재를 규정지을 수 없습니다. 우리가 과거에 형성된 조건 속에서 살아가긴 해도, 그것으로 지금 나의 생각과 선택이 정해지는 건 아닙니다.

과거를 완전히 묻어버리자는 말은 아닙니다. 과거를 필요 이상으로 실재적인 것으로 생각하고, 그에 대한 환상을 만들어 거기에 갇혀서는 안 된다는 얘기입니다. 루드비크는 공산당에 대한 적개심에 잠식된 나머지, 공산당 내부 사정이 변하는 걸 감지하지 못했습니다. 자신이 쫓겨났을 때처럼 여전히 억압적이고 광신적일 거라고 단정했지요. 그는 스스로 만들어놓은 환상을 매일 마주하며 다시금 상처받았습니다.

과거의 아픈 사건을 머릿속에서 매일 재구성하고, 그것으로 오늘의 삶을 덮어버리면, 오늘은 새로운 날이 아닌 어제의 반복이 됩니다. 매일매일 잊히지 않는 과거의 환상과 싸우면 현재는 두려운 곳이 됩니다. 우리는 그 환상에서 벗어나야 합니다. 얼마든지 우리가 거기서 벗어날 수 있다는 걸 인식해야 합니다.

전락은 새로운 출발이다

실존주의자들은 전락이 자유로 향하는 계기가 될 수 있다고 봅니다. 전락을 겪기 전 사람들은 주변의 질서를 당연하다는 듯이 받아들입니다. 안락한 일상 속에 있으면, 그것의 체계를 의심해야 할 그 어떤 동기도 발견하지 못합니다. 하지만 일상에서 쫓겨나게 되면 상황이 달라집니다. 예를 들어서 갑자기 누명을 쓰고 감옥에 갔다고 생각해보세요. 정말 아찔합니다. 나를 믿던 주변 사람은 떠나가고, 일상의 안락함은 모두 사라질 겁니다. 이럴 때 우리는 세상을 바라보는 방식을 바꿀 수밖에 없습니다.

그런데 변화가 어떤 식으로 일어날지는 아무도 모릅니다. 너무나 갑작스럽고 충격적인 변화를 겪으면 적극적으로 생각하는 능력을 잃을 수도 있습니다. 《변신》에서 벌레로 변한 그레고르처럼요. 또는 세상을 저주할 수도 있죠. 《농담》의 루드비크가 한때 그랬던 것처럼 말입니다. 하지만 이와 반대로 전락을 새 출발의 계기로 삼을 수도 있습니다. 즉 기존 체계에 흡수돼 살던 과거에서 벗어나, 내 삶의 의미와 가치를 스스로 결정하는 출발점으로 삼을 수 있습니다.

물론 새출발을 위해 꼭 전락의 상황에 처해야 하는 건 아닙니다. 실존주의 문학가들이 극단적인 전락의 상황을 많이 다룬 건, 일상의 작은 순간 역시 일종의 전락이 될 수 있다는 걸 보여주기 위해서였습니다. 우리는 매 순간 과거와는 다른, 어디로 향할지 모르는 미래로 나아가고 있습니다. 그리고 셀 수 없는 방향으로 뻗어나가는 갈림길에 서지요. 이 지점에서 우리는 과거를 확대 재생산해서 미래로 짊어지고 갈지, 아니면 과거를 과거대로 존중하고 그것이 속해 있어야 할 자리에 놔둔 채 미지의 영역으로 나아갈지 선택할 수 있습니다.

세상이 당신에게 무슨 아픔을 주었든, 주변 사람이 당신을 얼마나 혹독하게 대했든, 그 과거는 지금의 당신과 무관합니다. 그 과거가 당신 존재의 한 부분을 이루고 있을지언정, 당신의 정체성 전체를 확정짓지는 않습니다.

과거에 잡아먹히도록 자신을 놔두지 마세요. 과거에 맞설 수 있는, 자신이 마주한 지금의 힘을 느끼세요. 그게 곧 자신감의 발판이 될 겁니다.

"외로움을 느낀다는 건
다른 사람과 합일에
이르기를 욕망하고
있다는 것이다."

외로움은 어떻게 극복해야 할까?

어느 날 아침에 일어났는데 내가 벌레로 변했다면? 그것도 작은 벌레가 아닌 사람 몸만큼 큰 벌레로! 생각만 해도 끔찍합니다. 뭘 어떻게 해야 할지 감도 안 오겠죠. 나혼자 산다면 그나마 차분하게 생각이라도 해볼 텐데, 가족이 함께 산다면…? 일어날 시간이 지났는데 내가 방에서 나오지 않으면 누군가 방문을 두드리겠죠? 대답하려고 하는데 소름 끼치는 벌레 소리밖에 나오질 않습니다. 그야말로 '멘붕'입니다. 이런 상황이라면 내 모습을 가족에게 보여줘야 할까요, 아니면 어떻게든 꽁꽁 숨어야 할까요?

앞서 언급했던 카프카의 소설《변신》에 나오는 장면입니다. 그레고르는 하룻밤 사이 갑자기 거대한 벌레가 되었고, 그 모습을 본 가족은 엄청난 충격을 받습니다. 처음엔 가족들도 충격을 수습하고, 그레고르를 어떻게든 보호하려 합니다. 하지만 시간이 흐를수록 징그럽고 언어 소통도 되지 않는 그레고르의 모습을 점점 힘들어합니다. 그렇게 그레고르는 홀로 방 안에 격리돼 완전한 고독에 처합니다.

카프카는 대표적인 실존주의 문학가로 평가받습니다. 그는 주로 완전한 고립, 무의미한 상황과 싸워야 하는 인간의 운명을 작품에 담았습니다. 결국 삶의 의미란 외부로부터 편리하고 쾌적하게 주어지는 게 아니라, 스스로 발견해야 한다는 게 카프카의 중심 메시지입니다.

벌레로 변한다는 극단적인 상황은 현실과 동떨어진 상상에 불과한 걸까요? 그렇지 않습니다. 이 상황은 인간의 고립에 대한 비유적 표현이라고 볼 수 있습니다. 징그러운 벌레로 변했다는 건 다른 사람들에게 사랑은커녕 이해받을 수 없는 존재가 되었다는 뜻이지요.

카프카는 고립의 극단적 사례를 통해 고립의 본질을 현미경처럼 확대해서 이야기하고 있습니다. 살다 보면 타인의 사랑과 이해에서 멀어질 때가 있습니다. 징그러운 벌레가 되는 것만큼 극단적인 상황은 아니겠지만, 원치 않게 타인과 단절될 때가 있죠. 특히 내 가치관과 주변 사람들의 가치관이 어긋날 때 그렇습니다.

예를 들어 나는 타투이스트가 되고 싶은데, 부모님은 타투를 혐오한다고 해보죠. 그러면 나와 부모님 사이엔 넘을 수 없는 벽이 생깁니다. 내가 사랑하는 일을 부모님이 부정한다는 점에서 좌절을 겪게 됩니다. 예전처럼 서로 대화하고 애정을 주고받는다고 해도, 내 존재의 중요한 한 부분이 환대받지 못하고 있다는 사실은 늘 의식됩니다. 여기에 더해 사회적 요구와 내 욕망 사이에 심각한 차이가 있다면 고립감은 더 심화됩니다. 결혼을 강제하는 환경에서 비혼을 선택하는 것도 이에 해당되겠죠. 이런 경우도 나의 중요한 부분이 주변 사람들에게 받아들여질 수 없다는 본질적인 좌절감을 안고 살아가게 될 겁니다.

그레고르는 벌레로 변한 뒤 맨 먼저 출근을 걱정합니

다. 그는 실직한 아버지를 대신해 가족의 생계를 책임지고 있었습니다. 무단결근으로 직장에서 잘리기라도 하면 당장 가족의 생활이 어려워질 상황이었죠. 그가 출근하지 않자, 직장 상사가 집으로 찾아와 왜 마음대로 결근하냐며 문밖에서 화를 냅니다. 그레고르는 당장이라도 나가서 일하고 싶은 마음이 굴뚝같지만, 남들이 받아들일 수 없는 모습이 되었습니다. 사회적 기능을 문제없이 수행하고 싶지만 사회가 그를 받아들여줄 리 없었지요.

사람마다 정도와 양상은 다르지만, 누구나 주변 사람 혹은 사회가 결코 받아들이지 않을 욕망이나 생각을 조금씩 품고 살아갑니다. 귀여운 정도의 예시를 하나 들자면, 버스에서 아주 시끄럽게 통화하는 사람을 보고 '저 사람이 길 가다 넘어졌으면' 하고 생각할 수 있습니다. 그런데 이런 생각도 경우에 따라 사회로부터 심한 반격을 받을 수 있습니다. 연예인이나 정치인이 이런 생각을 했다고 밝히면 논란이 일겠죠. 이밖에도 지금 당장 입 밖에 내뱉는다면 사람들이 '벌레 보듯' 쳐다볼 만한 욕망과 생각을 누구나 아주 흐릿한 형태로나마 품고 있을 겁니다.

카프카가 그레고르를 통해 보여주고자 했던 건, 인간

에게는 저마다 모두가 혐오하고 비난하고 거부할 만한 면모가 있다는 점입니다. 이 점 때문에 인간은 본질적으로 외롭습니다. 친구를 만나거나 사랑하는 사람과 시간을 보내면 외로움을 '달랠' 수는 있겠지만, 외로움은 단지 일시적 감정이 아닙니다. 뿌리 깊은 외로움은 없앨 수 없습니다. 그건 나와 세계 사이에 결코 극복할 수 없는 차이에서 오기 때문입니다.

인간은 유전자에 각인된 본능 이상의, 돌연변이적인 욕망과 상상의 나래를 수시로 펼칩니다. 기성세대는 상상도 못 했을 생각을 젊은 세대는 당연하다는 듯 품기도 하고, 같은 교실에 나란히 앉은 두 사람이 완전히 다른 것을 느끼기도 합니다. 인간은 지구상의 그 어떤 생명체보다도 예측 불가능하고 다양합니다. 그래서 우리는 저마다 주변 사람들과 여러 '심각한' 차이점을 가진 채 살아갈 수밖에 없습니다. 그 차이점이 때로는 소통을 가로막고, 심리적 장벽을 만듭니다. 이런 의미에서, 인간으로 태어난 이상 누구나 어쩔 수 없이 고립을 겪습니다. 인간에게 외로움은 숙명과도 같습니다.

외로움을 인정하라

우리는 본질적인 외로움의 존재를 인정해야 합니다. 그래야 외로움의 느낌으로부터 벗어날 수 있습니다. 외로움을 느낀다는 건 다른 사람과 합일에 이르기를 욕망한다는 겁니다. 그런데 우리는 합일의 경험에 대해 너무 많은 걸 기대하곤 합니다. 나와 '정말로' 죽이 잘 맞는 사람, 나의 '모든 것'을 이해해주는 사람을 만나고 싶어 하죠. 하지만 진정한 의미에서 내 존재 전체를 받아들일 수 있는 사람은 이 세상에 없습니다. 모든 인간 사이에는 결코 넘어설 수 없는 벽이 있으니까요.

그래서 우리는 기준을 낮춰야 합니다. 내 안에는 절대로 남에게 이해받을 수 없는 부분이 있다는 걸 인정해야 합니다. 타인과 관계할 때는 적당한 소통, 적당한 이해, 적당한 합일감에 만족해야 합니다. 내 모든 걸 이해받지 못하더라도 괜찮다는 마음을 가져야 합니다.

타인과의 사이에 놓인 이해의 장벽을 인정하고, 제한된 공통분모로 만족하며 함께 살아가는 게 가장 덜 외로울 수 있는 방법입니다. 그 이상으로 외롭지 않은 상태는 있을 수 없습니다.

카프카의 소설에서 인간관계는 주로 외로움을 달래기보다 내면의 혼란을 초래하는 역할을 합니다. 그레고르가 처한 상황은 충격적일 뿐 아니라 사무치도록 고독하죠. 그런 상황에서 다른 사람들은 그에게 도움을 주기는커녕 자꾸만 압박과 두려움을 심어줍니다. 직장 상사는 출근하라고 소리 지르고, 가족은 그의 모습에 졸도하기도 하고, 물건을 집어 던지기도 하고, 생활이 어렵게 됐다며 불만을 늘어놓기도 합니다. 그들은 그레고리가 고요하게 내적 고민을 거쳐 자기 주도적인 결정을 내릴 여유를 주지 않습니다. 자꾸만 자극하고, 혼란스럽게 합니다.

소설은 어떻게 끝날까요? 스포일러 없이 간략히 말씀드리자면, 그레고르는 결코 고독에서 벗어나지도, 행복한 삶을 되찾지도 못합니다. 그 원인은 무엇일까요? 저는 그가 인간에게서 벗어나지 못한 게 핵심 원인이라고 생각합니다. 이미 벌레가 돼버린 이상, 그리고 아마 당분간은 인간으로 돌아오지 못할 것 같다는 판단이 든 이상, 그에게 최선의 선택은 인간이 없는 환경, 벌레로서 생활할 수 있는 환경에 가는 것이었을 겁니다. 그런 곳에서라면 그는 어쩌면 주도적으로 먹이를 찾고 살 곳을 꾸미는 등 새로운 삶의 가능성을 엿봤을지도 모릅니다. (어차피 이 소설 자체가 판타지스러우니 한번 상상해보자면, 벌레로 변한 또 다른 인간을 찾아 함께 살겠다는 꿈을 꾸며 살아갈 수도 있었겠죠.) 하지만 그는 인간 곁에 남았고, 그들의 혐오에 지쳐가며 점점 자아를 잃어버렸습니다.

그레고르는 적극성을 발휘하지 못했습니다. 그는 자신을 혐오하는 사람들 사이에 남아 있기보다 외로움을 선택하는 게 차라리 더 낫다고 생각하지 못했습니다. 애매하게 인간관계를 질질 끌고 갔고, 점점 지쳐갔습니다.

외로움은 내가 그것에 끌려 다닐 때 고통이 되지만, 내가 주도적으로 선택한다면 오히려 마음의 치유제가 될 수 있습니다. 그레고르만큼은 아니지만, 우리도 나를 지치게 하는 사람들, 성장을 향해 나아갈 틈을 주지 않는 사람들에 둘러싸일 때가 많습니다. 그럴 때 우리는 외로움을 견디기 두려워 그들과의 결별을 결정하지 못합니다. 하지만 그러한 인간관계는 그저 내 에너지를 갉아먹기만 할 뿐입니다.

때로는 인간관계를 과감히 털어버릴 필요가 있습니다. 의식적으로 사람과 거리를 두면 그만큼 자신만의 공간이 생깁니다. 생각할 시간도 주어지고, 내 감정을 곱씹을 여유도 생기죠. 자신에게 집중할 수 있는 이런 틈을 잘 활용해, 내가 성장할 수 있는 길을 발견하고 그 길로 걸어가야 합니다.

그럴 때 우리는 오히려 한층 더 성숙하고 여유로운 마음으로 남과 관계를 맺을 수 있습니다. 나에 대해서도, 타인에 대해서도 넓은 시야를 가질 수 있습니다. 그러면 타인과 소통할 수 있는 공통분모의 크기도 커집니다. 이야깃거리가 풍부해지고, 감정적 공감도 더 많이 일어납니다. 이렇게 폭넓은 소통을 바탕으로 인간관계를 맺을 때, 비로소 나 홀로 남겨져 있다는 고립감은 줄어들 것입니다.

나를
둘러싼
관계에
대하여

04

"나로서 살기 위해선
다른 존재와 나를
구별하고 내 입장을
우선해야 한다."

타인의 시선에서
어떻게 자유로워질 수 있을까?

고레에다 히로카즈是枝裕和 감독의 영화 〈괴물〉에는 두 남자아이가 등장합니다. 둘은 서로에게 친구 이상의 감정을 느낍니다. 하지만 주변의 어른이나 친구들에게 '남자답게' 행동해야 한다는 말을 들어온 터라, 마음을 솔직하게 드러내선 안 된다고 생각합니다. 다른 사람들의 말을 따라 자신이 괴물이라고 생각하며, 마음을 치료받아야 한다는 압박감을 느끼죠. 그래서 감정을 억누르고 심각한 고뇌를 겪습니다.

누구나 남들과 다른 점 때문에 마음고생을 한 적이 있

을 겁니다. 나는 그저 나로서 존재하는데 다른 사람들에게 내 모습이 받아들여지지 않을 때 참 고통스럽습니다. 어린 나이에는 그 아픔이 더 큽니다. 아이들은 자신의 관점과 남의 관점을 잘 구별하지 못하기 때문에, 남의 말로 자신의 세계를 이루기도 합니다. 누군가 "너는 못됐어!"라고 말하면, '나는 못된 아이인가 보다'라고 곧장 학습합니다. '내 생각은 다른데?'라는 비판적 사고 단계까지 나아가지 못하지요.

다행히도 우리는 모두 어른으로 성장합니다. 인간은 나이 들며 점차 나와 남을 구별하고 주체적으로 세상의 정보를 이해하며, 상처받는 상황에 대응하는 자신만의 수단도 갖추게 됩니다. 걸러 들을 말은 걸러 듣고, 부당한 대우에는 공식 절차를 밟아 항의할 수도 있죠.

하지만 어른이 되어서도 어떤 고통은 해결되지 않습니다. 어떤 말은 비수가 되어 꽂히기도 하고, 남의 시선이 지옥처럼 느껴질 때도 있습니다. 남들에게 받아들여질 수 없는 자신의 특성 때문에 너무나 힘든 나머지 삶을 부정하려는 생각을 하기도 합니다. 또는 미세한 스트레스가 조금씩 쌓여 점점 마음의 에너지를 갉아먹기도 합니다.

평소에는 괜찮다가도 어느 지점에 고통이 확 덮쳐오는 경우도 있고요.

　그렇다면 어떤 마음가짐을 가져야 남의 시선에 덜 고통받을 수 있을까요? 대표적인 실존주의 철학자 중 한 명인 보부아르[13]는 "주체는 대립함으로써만 존립할 수 있다"고 주장했습니다. 주체라는 건 기본적으로 구별을 전제합니다. 나를 나로서 의식하려면, 나와 구별되는 다른 대상이 필요하죠. 내가 주체로서 존재한다는 건 다른 대상을 객체로 나의 맞은편에 세워둔다는 뜻입니다.

　나는 냉장고나 의자와 구별되는 인간일 뿐만 아니라, 민수나 지민이와 구별되는 개인입니다. 나의 주체성은 타인과 나 사이에 선을 그음으로써 얻어집니다. 이런 의미에서 보부아르는 "의식은 근본적으로 다른 의식에 대해 적대적인 측면이 있다"고 말했습니다. 우리는 단순히 타인과의 화합만을 지향하며 존재하는 게 아니라, 기본적으로 타인과 나를 구별하고 거리를 만들면서 나를 독립적 주체로 세운다는 것입니다.

　이런 관점에서 인간 존재는 어쩔 수 없이 투쟁의 성격

을 가집니다. 만약 우리가 투쟁하길 멈추면, 주체로서 존재하는 것도 멈추는 것입니다. 어느 정도의 폭력성과 배타성을 발휘해 남을 대상화하고 나를 부각시키는 정신적 과정이 없다면, 주체로서 살아가는 건 불가능합니다.

우리는 먼저 이 투쟁의 과정을 인정해야 합니다. 선한 사람이 되고 싶은 나머지 '나는 타인에게 그 어떤 억압도 행사하지 않아!'라고 생각해선 안 됩니다. 그건 자신을 속이는 일입니다. 나를 이해하려면 내 존재의 폭력성을 마주해야만 합니다.

어떤 사람들은 고통을 자신에게 향하도록 합니다. 그런데 인간은 살아가기 위해 어쩔 수 없이 다른 생명체에게 피해를 끼쳐야 합니다. 건강을 유지하려면 생명체를 요리해 먹어야 하고, 보금자리를 지키려면 다른 대상이 함부로 접근하지 못하게 울타리를 세워야 하죠. 또한 정신적으로 건강하려면 내면의 고통을 다른 존재에 분출할 수 있어야 합니다. 스트레스를 풀기 위해 애꿎은 베개를 후려치거나 누군가에게 울분을 터뜨려야 할 때도 있습니다. 이처럼 '나'로서 안정적으로 살아가려면 다른 존재에게 심각한 피해를 주지 않는 선에서 부정적 에너지를 표출하는 순간이 꼭 필요합니다. 이런 행동에 죄책감을 느껴 오갈 데 없는 에너지를 자기 안으로 삭히기만 하면 점차 나의 주체가 중심을 잃고 흔들리게 됩니다.

철학에서는 '타자화'라는 말을 부정적 어감으로 사용하곤 합니다. 상대를 있는 그대로 존중하는 게 아니라 사물처럼 객체로 격하시킨다고 말이죠. 하지만 꼭 타자화를 부정적으로만 봐야 할까요? 인간이 주체로서 존립하기 위해서는 반드시 다른 존재를 타자로 바라보아야 합니다. 상대를 존중하지 말란 말이 아닙니다. 인간을 사물처럼 대하라는 것도 아닙니다. 나로서 살기 위해선 다른 존재와 나를 구별 짓고 내 입장을 우선하는 것이 반드시 필요하다는 겁니다.

타자 말고 주체가 되기

남 눈치가 보여서 힘들다면 반대로 내가 남에게 눈치를 줘야 합니다. 누군가 내게 눈치를 준다는 건 자신의 기준에 맞추도록 은근히 요구한다는 뜻이죠. 자신을 주체로 세우고 나를 객체로 만들어 자신의 세계에 편입시키려는 겁니다. 누군가 내게 눈치를 주는 건 어쩌면 자연스러운 일입니다. 누구나 주체로 살아가며 자연스럽게 타자화를 행하니까요. 그저 내가 대상이 된 것뿐이니, 범법 행위나 도의에 어긋난 일이 아닌 이상, 어디다 하소연하기도 어렵습니다.

그럴 때 나도 그 사람을 타자화하면 됩니다. 복수를 하라는 게 아닙니다. 상대방이 나를 어떻게 대하든 나는 주체로서 존립할 능력을 가졌으며 내 입장에선 타인을 객체로 세울 수 있다는 걸 의식하자는 겁니다.

살다 보면 이런 의식이 약해질 때가 있습니다. 다른 사람의 타자화에 속절없이 당해 주체성에 대한 감각이 희미해지고, 내 세계가 타인의 의식으로 잠식되어 버립니다. 보부아르는 역사적으로 여성이 남성에게 이런 일을 당해왔다고 주장합니다. 기득권 남성들은 자신들을 '우리'라고 부르면서 인간의 대표이자 사회의 주인공으로 대했고, 그렇게 자신들을 주체로 세우면서 여성을 '그들'로 타자화했다는 겁니다. 여성은 주로 그 타자화에 당해 스스로를 주체로 세우지 못했고요.

우리 사회에서 일방적인 타자화의 현장은 흔하게 발

견됩니다. 부자가 가난한 사람을, 대기업 다니는 사람이 중소기업 다니는 사람을, 고학력자가 저학력자를, 부유한 지역 사람이 평범한 지역 사람을 타자화합니다. 자신들이 사회의 주인공이라 생각하고, 다른 사람들을 사회의 부속품으로 취급합니다. 나쁜 사람들만 이러는 게 아닙니다. 누구나 약간의 특권만 갖게 돼도 금방 이런 의식을 품습니다.

이런 일이 너무나 자연스럽고도 만연해, 당하는 사람은 자기도 모르게 주체성을 조금씩 잃고 맙니다. 이걸 '가스라이팅'이라고 불러도 좋을 겁니다. 나중에는 자신에게 저항할 힘이 있다는 사실조차 자각하지 못하게 되죠.

따라서 우리는 '주류', '다수' 혹은 '강자'인 남들이 눈치를 줄 때, 그들만 주인공이 아니며 모든 인간은 각자가 주인공으로 살아간다는 사실을 의식해야 합니다. 인간이 실존한다는 건 자기를 의식하면서 자기 관점에서 살아간다는 뜻입니다. 무엇을 가졌든, 어떤 조건에 처해 있든, 인간은 누구나 자기 고유의 입장에서 살아가는 주체입니다. 나에게는 오직 나만 주체이고, 다른 사람은 모두 객체입니다. 타인은 항상 내 삶에서 조연입니다.

'남에게 눈치를 주는 사람이 되자'는 건 나쁜 사람이 되자는 이야기가 아니며 남에게 피해를 주는 것과도 다릅니다. 누군가 나를 일방적으로 객체 취급하지 못하도록 주체적으로 타인에게 에너지를 발산하자는 겁니다. 이는 내 영역과 삶을 지키는 자연스러운 일입니다.

남에게 눈치 주는 사람이 되려면 다른 사람과 멀어질 각오도 해야 합니다. 우리는 평소 객체 취급을 당하면서도 외로움이 두려워 타인과 함께하는 상태를 유지하곤 합니다. 내 고유성을 억압당하는 게 남들과 멀어지는 것보다 낫다고 생각하는 거죠. 그래서 나를 하대하거나 이용하려는 사람과도 좋은 관계를 유지하려 합니다. 그 사람이 나를 떠날까 봐 나의 주체성을 내세우지도 않고요.

그런데 가깝던 사람과 멀어지는 건 생각보다 그리 고통스러운 경험은 아닙니다. 나를 위해 생각을 정리할 시간도 많아지고, 정말로 내가 원하는 걸 찾아 나설 여유도 생깁니다. 이런 여유는 그동안 잃어가던 주체성을 회복하는 에너지원이 됩니다.

만약 당신이 그동안 타인과 멀어지는 걸 지나치게 두

려워했다면, 그건 오랫동안 타자화를 겪으며 주인공으로서 살아가는 마음을 잃어버렸기 때문일 수 있습니다. 스스로를 주인공으로 대하지 못하기 때문에, 주인공으로서 잘 살아가고 있는 것 같은 타인에게 의존해 조연으로라도 의미를 부여받는 데 익숙해진 것입니다.

마음의 여유를 갖고 주체로 살아가는 감각을 조금씩 키워가야 합니다. 내가 타인을 타자화하고, 내 기준을 타인에게 요구해야 합니다. 눈치가 보일 때는 나도 남에게 눈치 줄 수 있다는 사실을 상기하세요. 이런 사고의 훈련을 통해 주체성을 회복하다 보면, 결국에는 타인과 거리를 두는 게 별로 두렵지 않을 겁니다.

이런 상태에서야 비로소 더 건강한 인간관계가 가능해집니다. 한쪽이 다른 쪽을 일방적으로 타자화하는 게 아니라, 서로 타자화하는 관계. 각자가 자기 삶의 주인공이면서, 타인 또한 그의 삶의 주인공으로 존중하는 관계. 이런 관계를 우리는 충분히 만들어나갈 수 있습니다.

" 성숙한 인간은 순간의
  의미를 인생 전체와의
  연결 속에서 이해하며
  살아간다."

옛 친구와 멀어지는 이유는 무엇일까?

인간관계는 시간이 흐름에 따라 다양한 양상으로 전개됩니다. 어릴 때 친구와 노인이 될 때까지 돈독하게 지내는 경우가 있습니다. 이런 관계를 가진 사람은 큰 축복 하나를 받았다고 말할 수 있죠. 반면 어렸을 땐 서로가 없는 삶을 상상할 수 없을 만큼 친했지만 나이가 들며 서먹해지는 경우도 있습니다. 보통 오랫동안 안 보면 사이는 어색해지기 마련이죠. 분명 학창 시절에는 함께 있기만 해도 너무 즐거웠는데, 몇 년 지나 만나니 옛날만큼 재밌지 않은 경우는 흔합니다. 그럴 때면 과거의 한 조각을 잃어버린 듯한 느낌에 씁쓸해집니다.

친구가 예전과 완전히 다른 사람이 된 듯한 경우도 있습니다. 이때는 재회가 상당히 어색해집니다. 제 한 친구는 어렸을 땐 해맑고 순박했는데, 7~8년 뒤 성인이 되어 만났더니 돈과 성공만 좇는 사람이 되어 있더군요. 이 친구를 만나면 인간관계나 일상적인 대화를 나눌 줄 알았는데 의외로 재테크 얘기만 꺼내서, 생각지 못한 대화 주제에 어떻게 반응해야 할지 난감했습니다.

옛 친구를 만났을 때 달라졌다고 느끼는 경우가 많은 건 무엇 때문일까요? 물론 다양한 이유가 있습니다. 우선 만나지 못한 사이 공유되지 않은 정보나 취향이 많아졌기 때문입니다. 예전에는 많은 시간 붙어 있어서 지인, 관심사, 취미 등을 공유했고, 대화 소재도 끝없이 생겨났습니다. 굳이 설명하지 않아도 알아듣는 유머의 패턴도 많았고요. 그런데 이제는 서로 겹치지 않는 삶의 부분이 더 많아져 대화 소재나 효과적인 농담 수단이 적어진 거죠.

청소년기와 성인기의 삶의 조건이 많이 다르다는 점도 중요한 원인입니다. 학생 때는 자신의 삶을 스스로 책임지지 않아도 되고 사회의 쓴맛도 덜 본 상태입니다. 반면 성인이 되고 사회생활을 하고 나면 스스로의 삶을 이끌어가야 한다는 부담감이 생깁니다. 또한 취업, 연애, 결혼, 출산 등 사회적인 활동을 하다 보면 남과 자신을 더 자주 비교하게 됩니다. 그러면서 남보다 내가 못나 보이면 의기소침해집니다. 반대로 내가 잘난 것 같으면 교만해지죠. 그러다 보니 인간 대 인간으로 마주했던 어린 시절의 친구 관계는 점점 더 낯설게 됩니다.

중요한 포인트가 하나 더 있습니다. 우리는 생각보다 내 이야기를 남에게 들려주길 어려워합니다. 오랜만에 친구를 만나면 그동안 생긴 시간 간극을 메울 만한 이야기를 서로에게 들려줄 수 있어야 합니다. 그동안 어떻게 살았는지, 무얼 하고 지냈는지, 어떤 목표를 추구해 왔는지, 어떤 인간관계를 맺어 왔는지 등을 각자 재밌게 풀어내야 합니다. 그래야 이해의 격차를 해소하고 서로의 공통점과 차이점을 발견하며 흥미진진한 대화를 다시 시작할 수 있습니다. 그런데 이런 일은 잘 일어나지 않습니다. 여기에는 두 가지 이유가 있습니다.

첫째, 상대가 내 말을 들어줄 거라고 기대하지 않는

겁니다. 사회생활을 하다 보면 사람들이 생각보다 남에게 별로 관심이 없다는 걸 알게 됩니다. 또한 사생활을 굳이 드러내지 않는 게 미덕이라고 배우기도 하죠. 이런 사회적 분위기와 관습에 익숙해지다 보면, 친구에게도 내 얘기를 길게 늘어놓지 않게 됩니다. 상대가 부담스러워하거나 속으로 나를 흉볼 것 같기 때문입니다.

이보다 훨씬 더 근원적인 두 번째 이유는, 자기 자신에게도 자신의 삶을 잘 설명할 수 없다는 겁니다. 지식을 남에게 잘 전달하려면 먼저 자기에게 잘 설명할 수 있어야 합니다. 나에게 제대로 말할 수 없으면 남에게도 제대로 말할 수 없습니다. 그런데 대부분 자신의 인생 이야기를 자신에게조차 잘 풀어내지 못합니다. 나도 내가 어떻게 살고 있는지 잘 모르는데, 어떻게 남에게 설명할 수가 있을까요? 그러니 옛 친구를 만나면 "그땐 그랬었지" 하며 서로가 공유하는 옛 추억만 계속 꺼내게 됩니다.

떨어져 있으면서 생긴 이해의 격차는 결코 좁혀지지 않습니다. 모든 사람은 시간이 흐르면서 조금씩 다른 사람이 되어갑니다. 그 변화의 과정, 인생의 여정을 생생한 언어로 서로에게 전달해야만 이해의 공백이 해소됩니다.

내 인생의 유의미한 지점들을 하나의 이야기로 묶어 상대에게 전달해야만 서로의 현재를 마주할 수 있게 됩니다. 그러지 못하면 과거의 기억에만 머물러야 하죠. 앞으로 나아간다는 느낌을 받을 수 없는 이런 관계는 쓸쓸함만 안겨줍니다.

기억을 해석한다는 것

그렇다면 우리는 어떨 때 내 삶의 이야기를 풀어내지 못하는 상태에 이를까요? 이와 관련해 키르케고르가 말한 '회상'의 부재를 생각해보면 도움이 됩니다.

키르케고르는 기억을 두 종류로 구별했습니다. 첫째는 단순 기억입니다. 과거에 경험한 어떤 사건이나 대상을 머릿속으로 불러내는 걸 뜻하죠. 작년 겨울에 감기에 걸렸었다, 어제 빵을 먹었다 같은 게 단순 기억입니다.

둘째는 '회상'이라고 번역할 수 있을 만한 활동입니다. 회상은 단순 기억보다 훨씬 큰 맥락에서 과거의 사건이나 대상을 해석하는 걸 뜻합니다. 예를 들어, 작년 밸런타인데이 때 초콜릿을 받은 사건이 어떤 의미를 갖는지 과거부터 미래까지 이어지는 맥락 속에서 해석해내는 거죠.

키르케고르는 재밌는 주장을 하나 했는데요, 아이는 기억력은 탁월하지만 회상 능력이 없고, 노인은 기억력은 감퇴했지만 회상 능력을 얻게 된다는 겁니다. 아이들은 머리가 빠릿빠릿하게 돌아가기 때문에 어제 무슨 일이 있었는지, 학교에서 뭘 배웠는지 잘 기억합니다. 하지만 자신이 겪은 사건이 어떤 의미를 갖는지 긴 시간적 맥락 안에서 해석해낼 줄은 모르죠. 아이들은 사건 안에서 즉각적이고 간단한 의미를 주로 읽어냅니다. 반면 어르신들은 오늘 아침 냉장고에 떡을 넣어놨다는 것처럼 간단한 사실조차 잘 잊지만, 긴 시간적 맥락 안에서 한 사건이 갖는 깊은 의미를 읽어내곤 하십니다.

거리적 차원에서 말하자면, 단순 기억은 가까운 것을 끄집어내는 활동입니다. 반면 회상은 먼발치에서 대상을 지켜보는 활동이죠. 단순 기억에만 의존하는 사람은 항상 근시안적으로 대상을 파악합니다. 돋보기를 든 것처럼, 좁은 시야로 눈앞의 것만 보면서 그게 전부라고 생각하죠. 반면 회상 능력이 있는 사람은 과거를 멀리 놓고 전체적으로 바라봅니다. 여러 사건을 하나의 줄기로 연결하면서, 단독적으로 봤을 때는 알 수 없던 의미를 발견해내죠.

어른이 된다는 건 한 사건을 기억에서 점차 회상으로 전환해가는 능력을 갖게 된다는 뜻인지도 모르겠습니다. 성숙한 인간은 순간의 좁은 시야에 매몰되지 않고, 순간의 의미를 인생 전체와의 연결 속에서 이해하며 살아갑니다.

우리는 흔히 기억에 대해 생각할 때, 이미 지나가서 변경되지 않는 것을 끄집어내는 이미지를 떠올립니다. 과거는 고정돼 있고, 나는 그 고정된 것을 정확히 끄집어내기만 하면 된다고 생각하죠. 하지만 이런 식의 이해는 단순 기억에 해당합니다. 회상은 전혀 다른 차원의 창조성을 요구합니다. 회상은 과거를 뛰어넘는 커다란 맥락과 관계하면서 과거에 대한 나의 의식을 만들어나가는 겁니다.

회상의 능력을 기르는 방법

자신의 이야기를 들려주기가 어렵다고 느끼는 사람은 회상 능력이 잘 발달하지 않았을 가능성이 큽니다. 인간은 누구나 물리적으로 같은 양의 시간을 살아갑니다. 특별한 사람이라고 해서 하루 48시간을 살지는 않죠. 그런데 누군가는 하루에 일어난 사건에 대해 인생 전체와의 연결 속에서 깊은 의미를 읽어내고, 누구는 그냥 하루가

지나갔다고 생각하며 시간을 흘려보냅니다.

그렇다면 회상 능력을 키우려면 어떻게 해야 할까요? 무엇보다도 회상은 창조적 활동이라는 걸 명확하게 인식하는 게 중요합니다. 앞서 말했듯, 우리는 많은 경우 단순 기억이 기억 활동의 전부라고 생각하면서 과거를 지금과는 동떨어져 있는 것으로 만들어버립니다. 지금 할 수 있는 건 그저 과거의 단면을 머릿속으로 불러오는 것밖에 없고, 따라서 '좋은 과거'를 가지고 있지 않으면 별로 끄집어낼 것도 없다고 생각하죠.

이런 관념에서는 과거의 의미가 이미 확정돼 있습니다. 그래서 단순 기억에만 의존하는 사람은 했던 자랑을 자꾸만 합니다. '내가 왕년에 말이야' 화법은 단순 기억에 매몰되는 것에 그 기원을 두죠. '남들에게 자랑할 만한' 의미를 가진 과거의 사건은 정해져 있고 거기에 추가될 것은 아무것도 없다고 느끼기 때문에, 편집증적으로 그 기억에만 집착하는 거죠.

회상 능력을 키우려면 일단 과거에 대한 이런 제한적 이해에서 벗어나야 합니다. 현재의 내가 과거의 의미를 만들어나간다는 걸 이해하는 게 중요하죠. 회상 능력이 발달한 사람은 과거 이야기를 하더라도 현재나 미래의 관점에서 말할 줄 압니다. 매번 똑같은 관점에서 과거를 논하는 게 아니라, 같은 사건도 현재의 상황 혹은 그간의 다른 경험과 연결해 새로운 의미를 발견해냅니다.

회상 능력을 키우는 데는 좋은 대화 상대와 지속적으로 교류하는 게 큰 도움이 됩니다. 가족도 좋고, 연인도 좋고, 자주 만나는 친구도 좋습니다. 내가 겪은 사건을 다른 사람에게 말하고, 함께 그 사건의 의미를 찾아나가는 진솔한 대화를 많이 하다 보면 회상 능력이 자연스럽게 발달합니다. 요즘에는 인터넷에서 대화 상대를 찾기도 용이합니다. 마음에 맞는 1인 방송인의 라이브 채널에 들어가 채팅으로 교류해보는 것도 도움이 될 겁니다. 고민 상담이나 진지한 이야기를 들어주는 사람도 많으니, 적절히 이용한다면 큰 맥락 속에서 개별 사건의 의미를 해석하는 훈련을 할 수 있을 겁니다.

서로가 자신의 인생에 담긴 의미를 충분히 말로 풀어낼 수 있을 때가 만남의 적기입니다. 그때 이뤄지는 재회는 옛날만큼 혹은 옛날보다 더 재밌는 경험이 될 겁니다.

"나 자신에 대한 성찰이

　선행될 때, 내게 진정으로

　가치 있는 게 뭔지

　주체적으로 판단할 수 있다."

착하게 살면 무엇이 좋을까?

대학교 때 '윤리학'이라는 전공필수 과목이 있었습니다. 서울에서 판사 일을 하다가 그만두고 미국에서 최신 윤리학을 배워 철학과 교수가 된 분이 강의를 하셨는데, 내용은 대략 한때 유행했던 마이클 샌델Michael Sandel의 《정의란 무엇인가》의 심화 버전 같았습니다.

현대 윤리학의 3대 분야라고 할 수 있는 공리주의, 의무론, 덕윤리학의 핵심 이론들을 각각 배웠습니다. 각 영역은 윤리적 판단에 대해 근본적으로 다른 견해를 제시합니다. 공리주의는 최대의 쾌락이나 행복을 얻는 쪽으로 행동하는 게 옳다고 말합니다. 의무론은 이성적이고 보편적인 법칙에 따라 행동하는 게 옳다고 말하죠. 덕윤리학은 장기적 관점에서 인격 함양에 도움이 되는 방향으로 행동하는 게 옳다고 말하고요.

이 세 영역은 다시 아주 다양한 갈래로 나뉩니다. 대표적으로 공리주의에는 규칙-공리주의와 결과-공리주의가 있습니다. 의무론에는 타산적 계약론이나 규범적 계약론 같은 이론이 있지요. 덕윤리학에도 여러 종류가 있습니다. 하여튼 현대의 윤리학적 이론은 셀 수 없을 만큼 종류가 많고, 각 이론 및 학설은 조금씩 다른 주장을 펼칩니다. 인간이 어떻게 살아야 하는지, 어떻게 행동해야 하는지에 대해 각기 다른 생각을 내놓습니다.

'그럼 여러 생각 중 도대체 뭐가 옳은 걸까? 우리는 무슨 이론을 따라야 할까? 수많은 선택의 순간에 도대체 어떤 길을 택해야 하는 걸까?' 저는 이게 무척 궁금했습니다. 수업을 듣는 내내 윤리학적 확신이 생기기는커녕 의문만 커졌습니다.

그래서 한 학기가 끝나갈 때쯤, 결국 참지 못하고 손을 들고 질문했습니다. "교수님은 개인적으로 세 갈래의 이론 중 어느 것이 가장 옳다고 생각하시나요?" 인품이 아주 좋으셨던 그 교수님은 살짝 당황한 듯 웃으며 대답했습니다. "각각 장단점이 있죠."

네. 이게 현대 윤리학의 현실적 결론입니다. 현대 윤리학은 합의된 해답 같은 걸 내놓지 않습니다. 각자 다른 생각을 제시할 뿐이죠. 그러다 보니 윤리학 공부를 통해 삶의 방향성을 찾으려 하면 앞으로 나아가는 느낌보다는 제자리를 빙빙 도는 느낌을 받을 가능성이 높습니다.

힘이 많이 빠지실 겁니다. 저 또한 그랬습니다. 삶의 근본적 질문들에 해답을 얻고자 패기만만하게 철학과에 진학했는데, 공부할수록 답은 흐릿해지기만 했습니다. 그때 제 절망감은 이루 말할 수 없이 컸습니다.

조화로운 정신

현대의 윤리학과 다르게 고대의 윤리학은 터무니없어 보이는 주장도 그냥 밀어붙이는 투박함과 과격함이 있었습니다. 그 특성은 서양 고대철학의 대표 주자인 플라톤 Platon에게도 나타납니다. 플라톤은 정의롭게 사는 사람이 부정의한 폭군보다 729배 더 즐겁게 산다고 주장합니다.

더 정확히는 플라톤의 《국가》에 등장하는 소크라테스가 이렇게 말합니다.

이는 직관에 어긋나는 주장처럼 보이기도 합니다. 실제로는 나쁜 일을 많이 저지르는 사람이 좋은 자리를 차지해 떵떵거리며 즐겁게 살고, 정의를 지키는 사람들은 핍박받으며 억울함 속에 사는 경우가 많아 보이니까요.

하지만 소크라테스는 즐거움이 무엇보다도 정신의 조화로부터 나온다고 생각했습니다. 삶의 즐거움은 단지 물질적으로 얼마나 많은 것을 누리느냐에 달려 있는 게 아니라, 우리의 정신이 얼마나 지혜롭고 안정적으로 물질세계를 대하느냐에 달려 있다고 보았습니다.

그나저나 729배라는 구체적인 숫자는 어떻게 도출됐을까요? 729는 9의 세제곱입니다. 소크라테스는 인간 정신이 세 부분, 즉 지혜를 사랑하는 부분, 명예를 사랑하는 부분, 돈을 사랑하는 부분으로 나뉘어 있다고 생각했습니다. 달리 말하면 이성적인 부분, 기개를 펼치는 부분, 욕망을 따르는 부분입니다.

정의로운 사람은 세 부분이 서로의 영역을 침범하지

않고 잘 기능합니다. '정의'라는 개념은 근본적으로 분배와 관련되죠. 돈, 땅, 물건, 직위 같은 게 그걸 가져야 마땅한 사람에게 주어지는 것, 이것이 정의의 기본적 의미라고 볼 수 있습니다. 소크라테스는 이러한 정의의 사회적 개념을 인간 정신에 적용했습니다. 정의로운 개인에 대해 논한 거죠. 정의로운 개인의 정신에서는 각 부분이 자신에게 할당된 역할을 충실하게 수행합니다. 이 조화가 깨지면 부정의한 인간이 됩니다.

예를 들어 명예에 눈먼 나머지 돈을 사랑하는 마음을 완전히 잃어버려, 가족의 재산을 모두 탕진하며 정치에 매달린다면 조화로운 정신의 소유자라고 말하기 어렵습니다. 그런 사람은 필요하다면 남의 재물까지 없애가며 명예를 얻으려 할 겁니다.

반대로 정신의 각 부분이 조화로운 사람은 사회적으로도 정의롭다고 불릴 만한 행동을 할 겁니다. 이성을 통해 현명한 판단을 내리고, 기개로써 위협 세력에 용감하게 맞서며, 절제 있게 자신에게 적합한 대상을 적당한 만큼 원할 테니까요.

소크라테스는 신비로운 계산법(이 계산이 정확히 어떻게

이뤄진 건지는 학자들 사이에서도 논란이 있습니다)에 의해, 부정의한 폭군은 정의로운 철학자에 비해 정신의 각 부분이 참된 즐거움으로부터 9배씩 멀리 떨어져 있다고 주장합니다. 그 세 부분이 상호작용하며 정신 전체를 이루니, '9×9×9'라는 계산을 통해 729라는 숫자가 나온 겁니다. 여기서 이 숫자가 얼마나 타당한지 따지는 건 별로 중요하지 않습니다. 학자들도 이 숫자는 과장과 농담을 약간 섞은 수사적 표현이라고 주장하곤 하니까요.

핵심은 소크라테스가 '참된 즐거움'이라는 개념을 제시한다는 겁니다. 참된 즐거움이 있다는 건 거짓 즐거움도 있다는 뜻이죠. 정신의 조화가 깨진 사람은 거짓 즐거움을 느낍니다. 당장은 부정의하고 무절제한 행동을 하며 즐거워하지만, 그 즐거움은 장기적으로 삶을 행복하게 구성해나가는 데 오히려 치명적인 걸림돌이 됩니다. 알코올 중독자가 술을 마시며 느끼는 즐거움이 대표적입니다. 반면 소크라테스 혹은 플라톤이 이상적으로 생각한 정의로운 철인 통치자는 거시적인 행복과 국소적인 쾌락 사이에서 조화를 찾습니다.

나의 내면을 균형 있게 고찰하기

지금까지 다룬 소크라테스의 주장은 그저 소크라테스의 주장일 뿐입니다. 우리가 그와 똑같이 생각해야 할 이유는 없습니다. 그런데 저는 이 주장을 실존주의적 관점에서 보다 매력적으로 해석할 수 있다고 생각합니다.

가치 판단의 영역에서 실존주의자들이 전반적으로 동의하는 점은 '절대적인 객관적 가치' 같은 건 없다는 것입니다. 서양의 윤리학 전통에서는 가치를 외부의 초월적 존재를 통해 규정하려는 시도가 주류를 이뤄왔습니다. 신의 말씀에 의존했던 기독교 전통이 대표적이죠. 근대 윤리학에서는 '이성' 혹은 '보편적 법칙'이 신의 자리를 대신했습니다. 이는 이성적 추론과 계산을 통해 보편적인 윤리학 법칙을 발견할 수 있고, 그 법칙에 근거해 뭐가 좋고 나쁜지를 가려낼 수 있다는 생각입니다. 결국 둘 다(신의 말씀이든 보편적 법칙이든) 가치 판단의 최종적 기준을 내 바깥에 두고 있습니다.

반면 실존주의자들은 대체로 가치 판단의 최종적 기준이 자기 자신 안에 있다고 생각합니다. 나 이외에 그 누구도 내게 특정 가치관을 강요할 최종적 근거가 없다는 거죠. 오직 나만이, 내 내면의 목소리에 근거해 진실한 판단을 내릴 수 있다는 게 그들의 생각입니다.

그런데 이런 사고방식에 치명적인 문제점이 있습니다. 바로 극단적인 가치 상대주의로 향할 수 있다는 겁니다. 어떤 보편적 원리도 없고 오직 내가 스스로 가치를 판단해야 한다면, 모두가 각자 저마다의 가치를 주장하여 극심한 혼란이 생길 겁니다. 예를 들어 누군가를 때려놓고 '나에게는 이게 옳다'고 주장하며 폭력을 정당화하는 사람들이 생기겠죠. 이 부분은 실존주의 사상의 대표적인 약점으로 지적됩니다.

하지만 이 약점을 극복할 수 없는 건 아닙니다. 저는 내면에 대한 성찰을 강조하여 극단적인 가치 상대주의를 막을 수 있다고 생각합니다. 일반화하기는 어렵지만, 남에게 해를 가하는 많은 사람은 자신 안의 이타성에 대한 감각이 무뎌져 있는 상태입니다.

인간은 누구나 근본적인 이타성이 있습니다. 어려움에 처한 사람을 도와주거나 다른 생명체에게 기쁨을 주면서 행복을 느끼는 건 매우 보편적인 감정적 경향성입니다. 요즘엔 '인간은 원래 이기적이다'라는 말이 경구처럼 받아들여지지만, 이기성만큼이나 이타성 또한 무시할 수 없는 인간의 본성입니다. 돈을 훔치는 사람도 있지만, 기부를 하는 사람도 있습니다.

그런데 이윤 추구가 최고의 가치로 받아들여지는 자본주의 사회에서 이타성은 없는 존재 혹은 부자연스러운 존재로 취급되곤 합니다. 이기성을 우대하는 문화의 영향 아래 내리는 가치 판단은 진정으로 나의 입장에서 내리는 판단이라고 보기는 어렵습니다. 그저 남들의 판단을 똑같이 반복하는 것이죠.

실존주의자들은 대체로 남들의 판단 말고, 진짜 내 판단이 뭔지 잘 생각해보기를 요구합니다. 그러기 위해서는 내면을 잘 들여다봐야 하죠. 내가 정말로 원하는 게 뭔지, 나의 진짜 뿌리 깊은 본성은 어떤지, 주어진 상황에서 내가 뭘 느끼는지 깊이 성찰해야 합니다. 이런 과정이 선행되지 않고 그냥 무작정 '나는 이게 좋다고 생각해'라고 판단을 내려버리는 건 무책임합니다. 그런 판단은 깊이가 얕을 뿐 아니라 나를 온전히 반영하지도 않죠.

이런 맥락에서, 정신의 균형을 강조한 소크라테스(혹은 플라톤)의 주장은 실존주의적 윤리학과 비슷한 면이 있습니다.

인간 정신에는 다양한 힘이 공존합니다. 남을 찍어 누르고 내 이득을 챙기고자 하는 힘, 내가 가진 것을 남에게 내주고자 하는 힘, 쾌락을 좇는 힘, 평안을 찾는 힘 등등이 엎치락뒤치락하며 인간의 정신적 삶을 형성합니다. 그런데 우리는 때로 그중 하나를 과대평가하는 바람에 시야가 좁아집니다. 지금 내 안에 있는 하나의 욕망, 감정 혹은 생각이 내 삶의 전부인 것처럼 느낍니다. 내게는 오직 한 가지 선택지밖에 없는 것처럼 판단하죠. 이는 내 안의 다양한 힘을 정작 자신이 보지 못하는 것이고, 자신으로부터 소외당하는 겁니다.

정신의 균형을 강조한 소크라테스의 주장은 내면의 여러 면모를 제대로 들여다보고 나 자신으로부터 소외되지 말자는 의미로 해석할 수 있습니다. 나 자신에 대한 성찰이 선행될 때, 우리는 비로소 즐거운 삶이 뭔지, 내게 진정으로 가치 있는 게 무엇인지 주체적으로 판단할 수 있을 겁니다.

지금까지의 논리의 흐름에서 주장하자면, 착하게 살아야 할 '절대적인 객관적 근거' 같은 건 없습니다. 다만 남을 적당히 도우며 살아가는 게 행복하다고 믿을 만한 근거는 충분하죠. 그게 나 자신을 좀 더 잘 아는 삶일 테니까요.

우리 안에는 분명 이타성이 있습니다. 그것에 대한 감각을 잃지 않을 때만 우리는 이기심에 잡아먹히지 않고 정신적 균형을 이루며 살아갈 수 있을 겁니다.

"나의 모든 행동과

　생각과 감정은

　　잠재적 후회의 대상이다."

꼰대가 되지 않으려면
어떻게 살아야 할까?

예전에 그런 소리를 들은 적이 있습니다. 회사 CEO 가 자서전을 내면 그 회사 주식을 팔아야 한다고요. 보통 자서전은 자신의 성공 스토리를 들려주고 싶어서 쓰는 건데, CEO가 그런 마음을 가졌다는 건 지나친 자기 확신에 빠졌다는 위험 신호일 수 있다는 겁니다.

일리 있는 주장입니다. 보통 자서전에 자신이 어떻게 성공했는지를 씁니다. 그리고 개중에는 그 방식이 절대적으로 옳은 것처럼 이야기하는 분도 있습니다. 사실 성공은 수많은 우연적 요인, 환경, 시대적 조건, 개인의 특성이 어우러져 일어납니다. 그런데 자신은 이러이러한 방식대로 살았기 '때문에' 성공했다는 식으로 위험한 추론을 하고 그걸 완전히 공식화시켜버리는 겁니다. 그런 CEO는 시장의 상황이 바뀌어도 옛날 방식 그대로 유지할 가능성이 높습니다. 그러면 회사가 위험해지겠죠?

실제 흥미로운 사례가 하나 있습니다. 제가 고등학생 때 한 대기업 회장님이 전교생에게 자서전을 한 권씩 선물해주셨습니다. 자신의 샐러리맨 신화를 다룬 책이었습니다. 놀랍게도 그 기업은 몇 년 후 공중분해됐습니다.

꼰대에 대해 이야기하는 게 조심스럽긴 합니다. 꼰대가 뭔지 이러쿵저러쿵 설명을 늘어놓는 게 오히려 꼰대 같은 행동일 수 있으니까요. 사실 저는 꼰대라는 말을 그리 좋아하지 않습니다. 우선 어감이 너무 안 좋고, 사람을 낙인찍는 듯한 말이어서 더욱 그렇습니다.

꼰대는 한 인격체 전체를 규정해버리는 단어입니다. 실은 누구나 꼰대 같은 면과 그렇지 않은 면을 다 지니는데, "저 사람 꼰대야"라고 하면 그 사람 전체가 꼰대라는 하나의 인격으로 규정됩니다. 그 사람을 이해하는 좋은 접근 방식은 아니죠. 누군가를 꼰대라고 앞장서서 공격하는 사람이 실은 가장 꼰대스러운 사람이 아닌지 의심해볼 만합니다. 이런 조심스러운 점을 염두에 두고 꼰대에 대해 논해보겠습니다.

저는 꼰대와 꼰대 아닌 사람의 가장 핵심적인 차이는 '자아의 경직도'라고 봅니다. 소위 꼰대스럽게 행동하는 사람은 자아가 상당히 경직돼 있습니다. 지나치게 뚜렷한 정체성과 가치관을 가졌고, 그게 흔들릴 수 있다는 가능성조차 열어놓지 않습니다. 요즘 '자아가 확고하다'는 건 대개 좋은 의미로 평가받지만, 꼰대 같은 사람은 자아가 확고한 걸 넘어서서 자아에 혹시나 변화가 생길 수 있다는 생각 자체를 잘 하지 못합니다.

예를 들어, 직장 상사 앞에서는 비굴할 정도로 충성스럽게 굴면서 후배에게는 막 대하는 사람이 있죠. 그런 사람은 자신이 '후배는 선배를 떠받들어야 한다'는 가치관을 평생 유지하고 살 것처럼 굽니다. 혹여나 나중에 그런 가치관에 '현타'가 올 거라고는 의심조차 못 합니다. 그래서 자신의 삶의 방식에 완전히 몰입하여 자아가 경직되고, 자신의 관점과 배치되는 사람을 보면 지적하는 데 혈안이 됩니다.

한 연구에 따르면, 자신의 지위가 변하지 않을 거라고 생각하는 사람은 평균적으로 남에게 막말을 더 많이 한다고 합니다. 어떤 지위에 있는지는 중요하지 않습니다. 중요한 건 그 지위가 변할 수도 있다는 점을 인지하고 있느냐 하는 겁니다. 보통 우리는 '꼰대' 하면 권력자를 많이 떠올립니다. 물론 권력자라고 해서 다 꼰대인 건 아닙니다. 자신의 권력이 언제까지고 유지될 거라고 생각하는 사람들이 꼰대가 되죠. 자신의 지위와 자아를 완전히 동일시하는 겁니다.

그리고 데칼코마니처럼, 오랫동안 취약한 계층에 있었고 변화의 희망을 아예 못 보는 사람 역시 꼰대가 될 가능성이 높습니다. 정체성과 가치관이 그 지위에 맞게 완전히 굳어버려서, 다른 사람이 어떤 말을 해도 변할 생각이 없는 거죠.

꼰대가 되지 않으려면 자아의 경직을 풀어줘야 합니다. 자아는 의지, 욕망, 감정, 신체적 능력 등 다양한 요소로 구성됩니다. 이 모든 요소가 영원하지 않다는 걸 인식해야 하지요. 모든 인간은 내면에 바닥이 보이지 않는 어둠을 품고 있습니다. 지금 나타나는 나의 모습은 여러 가능성 중 일부에 불과합니다. 인생의 어떤 굴곡이 어둠 속에서 어떤 가능성을 끄집어내 나를 바꿔놓을지 모릅니다.

'내가 과거에 그 사람에게 왜 그렇게 굴었지?', '그때는 그 목표가 무엇보다 중요하다고 생각했는데 지금 보니 별거 아니었네.' 이런 생각을 살면서 정말 많이 하죠? 그렇다면 지금 내게 보이는 나의 모습 또한 언젠가는 여러 변화 속에서 이런 성찰의 대상이 될 수 있습니다. 나의 모든 행동과 생각과 감정을 잠재적인 후회의 대상으로 바라보는 것, 자아의 가변성과 불안정성을 인식하는 것, 이게 꼰대스럽지 않음의 핵심이라고 생각합니다.

가명을 사용한 철학자

철학자 키르케고르는 누구도 대신 책임져줄 수 없는 개인의 고독과 불안을 인간 존재의 핵심으로 생각했습니다. 그의 생각은 이후 실존주의 철학자들에게 심대한 영향을 끼치죠. 사상사적으로 보면 키르케고르는 실존주의가 명확히 정립되기 이전의 사람이지만, 많은 철학사가는 그를 실존주의의 창시자 중 한 명으로 여깁니다.

키르케고르의 핵심 아이디어가 실존주의 사상 안에서 어떻게 발전하는지는 이 책 곳곳에서 확인할 수 있는데, 특히 야스퍼스, 하이데거, 사르트르에 관한 장에서 그 흔적이 많이 보일 겁니다.

고독과 불안을 중심에 놓고 사고했다니 키르케고르는 아주 음울했을 것 같지만, 그렇지 않습니다. 그에게는 매우 재미있는 습관이 있었는데, 바로 가명으로 글을 쓰는 겁니다. 그는 자신의 가장 유명한 책인 《이것이냐 저것이냐》를 '요하네스'라는 청년의 일기와 '빌헬름'이라는 중년의 편지로 구성했습니다. 모두 가상의 인물이죠. 이외에도 정말 많은 글을 가명으로 써서, 그의 가명들을 정리하고 분석한 논문도 있을 정도입니다. 더 흥미로운 건 각각의 필명으로 서로 상충하는 주장도 펼쳤다는 겁니다. 가명을 사용할 때 그 이름에 투영된 자아에 따라 사고와 의견의 자유를 얻게 된다고 여겼던 것 같습니다.

여기서는 철학 이론은 제쳐두고, 키르케고르의 이 독특한 습관이 가졌던 의미에 대해 고찰해보고자 합니다. 키르케고르는 다음과 같이 말한 바 있습니다.

"가명을 사용한 저작들에서 내 것인 단어는 단 한 개도 없다. 난 그 저작들에 대해 제삼자로서 가진 의견 말고는 그 어떤 의견도 없으며, 의미에 대해서도 독자로서 가진 것 말고는 아무런 지식도 없다. 난 그 저작들과 일말의 사적인 관계도 없다."

여기서 우리는 그가 자아를 얼마나 유연하게 대하고 있는지 볼 수 있습니다. 그는 자신이 책에 쓴 말과 의도적으로 심리적 거리를 만들었습니다. 물론 키르케고르가 정말로 순수하게 자신의 글을 제삼자 입장에서 대하지는 못했겠죠. 책을 쓰는 건 고된 일입니다. 심지어 역사에 남을 명저를 썼으니 엄청난 에너지를 바쳤을 겁니다. 당연히 자신이 쓴 글들에 상당한 애착을 가졌겠죠. 하지만 적어도 의식적으로 그 글들과 거리를 두면서, 여러 특징을 가진 다양한 자아로 활동할 수 있는 심리적 여유 공간을 만들어놨습니다.

저는 키르케고르의 이 유연한 습관이 그의 철학과 무관하지 않다고 생각합니다. 그는 평생에 걸쳐 고독과 불안 등 끝을 알 수 없는 인간 내면의 어둠에 대해 사고했습니다. 그가 하나의 이름, 하나의 자아, 한 방향의 생각에 집착하지 않았던 건 아마 인간이 깊은 어둠을 품은 존재임을 알았기 때문이었을 겁니다.

한 사람 한 사람은 모두 하나의 무한한 우주입니다. 인간의 의식은 결코 어디서부터 시작이고 어디가 끝인지 알 수 없습니다. 내가 무엇을 원하는지, 내 신념이 뭔지, 내 기억과 상상력의 끝이 어디인지 나 자신도 완전히 투명하게 들여다볼 수 없습니다.

자기 내면을 깊이 들여다보려고 노력하는 사람은 자신이 결코 단순하지 않다는 걸 압니다. 절대 극복할 수 없는 스스로에 대한 무지에 내던져진 게 곧 인생임을 알죠. 그래서 자아의 다양한 면모에 열려 있게 됩니다. 다른 말로 하면, 자신이 언제든지 지금과는 조금 다른 사람이 될 수 있다는 걸 압니다. 키르케고르는 내면의 무한한 어둠으로 깊이 침잠하고자 했기에 완전히 다른 사람의 입장에서 글을 쓸 수 있었습니다.

블랙코미디

자신의 어둠을 인식할 때 나오는 유연한 자아는 특유

의 유쾌함을 만들어냅니다. 아집을 내려놓고 변화에 열려 있으면 재미있는 생각이나 말을 많이 할 수 있죠. 한 가지 자아 관념이나 가치관에 강하게 매여 있으면, 틀에 박힌 생각만 하고 남들의 말에 경직된 반응을 보이게 됩니다. 재미있는 이야기를 하려 해도 자기에게만 재미있는 말을 하게 되죠. 그래서 꼰대와 아재 개그가 맞닿아 있는 겁니다. 자신을 편하게 내려놓지 못하면, 그때그때 상황에 맞게 생생한 이야기를 하며 다른 사람과 물 흐르듯 대화할 수 없습니다.

저는 블랙코미디를 좋아합니다. 블랙코미디는 부패, 부조리, 절망, 죽음 등 어두운 소재를 풍자하며 웃음을 자아내죠. 원래 코미디에는 보는 사람이 불편하지 않을 만큼의 과장이 섞이곤 합니다. 예를 들어, 직장 생활을 웃기게 표현하려면 부장님이 방귀를 너무 심하게 뀐다든가, 과장님이 심각한 마마보이여야 합니다.

반면 블랙코미디는 지극히 현실적입니다. 과장은커녕, 오히려 우리가 평상시 눈여겨보지 않던 개인의 심리나 사회의 면면을 파고듭니다.

〈땡큐 포 스모킹〉이라는 블랙코미디 영화에서 주인공

은 거대 담배 회사의 로비스트입니다. 사람들에게 담배가 왜 유익한지 설득하는 일을 하죠. 이 상황 자체가 참 부조리하지만, 어쨌든 주인공에겐 그게 일입니다. 그는 놀라운 말솜씨로 회사에 큰 이익을 가져다줍니다. 영화에서는 그 어떤 과장도, 우스꽝스러운 모습도 등장하지 않습니다. 그저 말 한마디에 사람의 생각이 달라지는 모습을, 기업들이 각종 문구와 마케팅 전략으로 사람들의 심리를 조종하는 현실을 적나라하게 보여줄 뿐입니다. 이 적나라함이 충격과 신선한 '재미'를 줍니다. 평소 당연한 듯 받아들이는 익숙하고 편안한 관점을 벗어던지고, 불편하지만 흥미진진한 관점을 취하게 만들죠.

가끔 자신의 삶을 일종의 블랙코미디로 바라보면 유쾌한 정신을 유지하며 살아가는 데 도움이 됩니다. 평소 불편하기 때문에 잘 들여다보지 않는 내 어두운 면을 들추어보면, 삶이 가볍게 느껴집니다. 아득바득 하나의 관점에 매달릴 필요가 없다는 것도 알게 됩니다. 매일 보던 세계도 조금은 다르게 보입니다. 블랙코미디는 꼰대에게 대항하는 백신인 셈이죠.

자신의 삶을 너무나 진지하게 돌아본 끝에, 모든 게 궁극적으로는 아리송하다는 생각과 함께 운명에 대해 실소를 터트리는 것. 이런 웃음을 품는 사람이 경직된 꼰대가 될 리는 없을 겁니다.

사랑이라는
감정에
대하여

05

"'우리'의 자기의식은
'나'의 자기의식보다
근본적으로 더 강력하다."

사랑으로 누군가를
변화시킬 수 있을까?

    사랑을 이야기할 때 가장 많이 나오는 키워드가 '성격'입니다. 성격이 잘 맞는 사람을 만나고 싶다, 성격이 안 맞으면 외모도 소용없다 같은 이야기를 많이 합니다. 그런데 이때 우리는 자연스레 상대의 성격은 '정해져 있다'고 생각하곤 합니다. 사람은 쉽게 변하지 않으니 애초에 성격이 잘 맞는 사람을 만나야 한다고 말이죠. 그렇다면 정녕 사랑은 고정된 성격 위에서 펼쳐지는 일일까요?

    성격심리학은 말 그대로 성격을 연구하는 심리학 분야입니다. 성격심리학자들은 대체로 한 사람의 성격은 유전과 어린 시절 환경에 의해 형성되며, 평생에 걸쳐 비슷하게 유지된다는 견해에 동의합니다. 성격은 한 사람이 특정한 상황에서 어떤 반응을 보이며 무엇을 느끼고 어떤 선택을 내리는지에 심대한 영향을 끼칩니다. 물론 사람의 모든 행동을 백 퍼센트 완벽하게 예측할 수는 없지만, 성격심리학자들은 한 사람의 인생을 길게 보면 성격에 따른 패턴이 나타난다고 말합니다.

MBTI 같은 성격검사가 인기를 끌면서 성격심리학에 대한 사람들의 관심은 매우 높아졌습니다. 개인마다 특정한 성격 유형을 가진다는 생각이 널리 퍼졌고, 행복한 삶을 위해선 나와 성격이 잘 맞는 사람을 찾아야 한다는 생각도 함께 퍼졌습니다. 물론 인간관계에서 성격 궁합은 아주 중요합니다. 상대방의 일정한 행동, 생각, 감정의 패턴이 나와 잘 맞지 않으면 좋은 관계를 형성하기 어렵죠. 꼭 심리학 지식이 없더라도 이는 자명한 사실입니다. 심지어 어린아이들도 자기와 잘 맞는 친구가 누구인지 본능적으로 가려냅니다.

그런데 성격은 바뀔 수 있을까요? 성격심리학자들은

성격이 '어느 정도' 고정적이라고 말합니다. 그럼 '어느 정도'란 도대체 어느 정도를 말하는 걸까요?

사실 이 표현 자체에 변화 가능성이 내포되어 있습니다. 심리학자들은 검사지를 이용해 성격을 측정합니다. 자신이 평소에 무엇을 느끼는지, 어떤 생각을 하는지, 어떤 행동을 선호하는지, A라는 상황에서 어떤 선택을 내릴지 등을 묻죠. 한 사람이 몇 년 전과 똑같은 답을 한다면, '대부분 별로 변화하지 않았다'고 평가됩니다. 그런데 여기서 '대부분', '별로' 같은 단어에 주목할 필요가 있습니다. 사람들의 행동, 사고, 감정의 방식은 '대부분' 변하지 않지만, 변하기도 합니다. 또 '별로' 변하지 않지만, '어느 정도' 변하기도 하죠.

사람을 만날 때 상대의 성격을 고려해야 한다면, 우리에게는 두 가지 단순한 선택지가 있습니다. 첫째는 인간 성격의 고정성에 주목하는 겁니다. 어차피 사람은 대체로 크게 변하지 않으니, 내가 마주한 사람 역시 변하지 않을 거라 가정하고 관계를 맺는 겁니다. 둘째는 성격이 변할 가능성도 있다는 사실에 주목하는 겁니다. 지금은 나와 잘 맞지 않는 부분이 있지만 앞으로는 맞춰질 수 있을 거라 기대하는 거죠.

하지만 좀 더 나아가 생각해봅시다. 누구나 살면서 조금씩 변화를 겪습니다. 그 변화를 얼마나 크게 받아들일지는 우리의 관점에 따라 달라집니다. 우리가 한 사람의 자그마한 변화를 '그저 사소한 변화일 뿐, 대세와는 상관없는 것'이라고 해석하면, 그 변화는 거대한 전체 패턴에 묻혀 어떤 의미도 갖지 못하고 시야에서 사라져버릴 겁니다. 하지만 그 작은 변화를 '또 다른 변화의 가능성'으로 해석하면, 그 변화는 충분히 유의미한 것이 되겠지요.

작은 차이의 누적 효과

삶은 상황의 연속으로 이뤄집니다. 우리는 상황 속으로 스스로를 밀어 넣습니다. 예를 들어 친구에게 저녁 모임 초대를 받았다고 해보죠. 우리는 모임에 나갈 수도, 나가지 않을 수도 있습니다. 만약 내향적인 성격이라면 나가지 않을 확률이 높겠죠. 그런데 어쩐지 오늘따라 작은 용기가 생겨 '한번 나가볼까?' 하는 마음이 들었다면, 이 마음의 힘을 통해 스스로를 친목 모임이라는 상황 속으로 밀어 넣게 됩니다.

이 한 번의 상황 변화가 다음 용기로 이어져, 다음 모임에 나가는 경험으로 이어질 수 있습니다. 그리고 이러한 경험이 누적되면 성격이 조금씩 변화할 수 있습니다. 한 방울씩 꾸준히 떨어지는 물이 끝내 바위를 뚫는 것처럼요.

물론 이런 변화가 일어난다고 해서 '객관적 지표로서의 성격'이 완전히 변한다는 건 아닙니다. 타고나길 내향적이라면 성격이 조금 변했다고 해도 사람을 만나는 건 외향적인 사람에 비해 여전히 불편할 것입니다. 아마 성격검사를 하면 여전히 내향성이 강하다고 나올 테고요. 하지만 이런 객관적 성격 유형과 상관없이, 자기 자신의 기준에서는 분명 이전과는 다른 사람이 되었습니다.

이 작은 변화가 과연 사소한 걸까요? 한 사람의 정체성과 가치에 아무런 의미가 없는 걸까요? 그렇지 않습니다. 거시적인 삶의 패턴은 이전과 크게 다르지 않을지도 모르지만, 미시적으로는 분명 변화가 일어났습니다. 이 작은 변화는 다른 상황을 만들고, 그런 변화의 연속으로 우리는 조금씩 다른 사람이 되어갈 수 있습니다.

이제 선택지를 다시 고민해보죠. 사람은 대체로 변하지 않는다는 사실 vs 조금씩은 변한다는 사실. 이 중 무엇에 주목하시겠어요? 만약 성격이 서로 아예 상극이라면, 변화에 기대를 거는 게 미련한 짓일지도 모릅니다. 하지만 상대방과 몇 가지 안 맞는 부분이 있어 고민인 거라면, 상대가 변할 수 있다고 믿는 것도 충분히 합리적입니다.

그리고 중요한 건 상대방의 변화 여부와 나의 선택은 동떨어진 게 아니라는 겁니다. 내가 상대를 지지하고 현명하게 이끌어줄 때, 상대는 변화의 가능성을 더 잘 발현하게 될 겁니다.

자신을 초월하는 존재

사르트르는 '초월'이라는 키워드에 집착에 가까운 관심을 보였습니다. 그는 여기저기 초월이라는 단어를 엄청나게 많이 사용했습니다. 인간 존재의 가장 핵심적인 특징 중 하나가 초월이라고 생각했기 때문입니다. 그렇다면 사르트르가 말하는 초월은 무엇일까요?

초월은 뭔가를 넘어선다는 뜻입니다. 사르트르는 인간으로서 존재한다는 건 자기 자신을 넘어서면서 존재하는 거라고 생각했습니다.

인간은 자기의식을 가집니다. '나라는 사람이 존재하는구나. 나는 어떤 사람이지? 나는 왜 사는 거지?' 이런 의식을 품을 수 있죠. 그리고 자기의식을 가진다는 건 나 자신을 의식 대상으로서 세운다는 뜻입니다. 즉, 나를 의식하려면 나를 마주 볼 수 있어야 합니다.

그런데 나를 마주 본다는 건 '보이는 나'와 '보는 나' 사이에 차이를 만들어낸다는 걸 뜻합니다. 평소에 나는 분명히 한 명의 사람으로서, 완전히 통일된 상태로 존재하는 것 같습니다. 하지만 나를 의식할 때 나는 두 명의 사람이 되어버립니다. '의식되는 나'와 '의식하는 나'가 갈라지는 것이죠.

이로써 나는 안정적이고 통일적인 상태로부터 벗어납니다. 나 자신을 깨뜨리고 나온다고나 할까요? 사르트르는 이것이 인간 정신의 독특한 특징이라고 생각했고, 이런 현상을 가리켜 초월이라고 불렀습니다. 이런 의미에서 그는 말했습니다. "인간은 언제나 자신의 바깥에 있다."

인간이 사물과 다른 점은 자기의식을 통해 변화를 만

들어낸다는 겁니다. 사물은 자기의식이 없기에 자신의 통일성을 깨뜨리는 법이 없습니다. 주어진 운명을 그대로 받아들이며 자연법칙에 따라 존재할 뿐이죠. 반면 인간은 의식을 통해 자기 자신과 거리를 둘 수 있습니다. 그럼으로써 분열을 만듭니다. 이전의 나, 지금의 나, 내일의 나, 모레의 나… 이런 식으로, 그때그때 자기의식을 통해 '새로운 나'를 만들어냅니다. 이 초월 속에 변화의 가능성이 존재합니다.

물론 자기의식을 가진다고 해서 완전히 새로운 사람이 될 수는 없습니다. 지금껏 내가 짊어져온 조건은 고스란히 나에게 전해집니다. 신체조건을 내 맘대로 바꿀 수 없습니다. 성격이나 습관 역시 그렇습니다. 하지만 그중에는 변화시킬 수 있는 부분도 분명 있습니다. 운동을 통해 조금이라도 몸을 바꿀 수 있고, 작은 차이의 연속으로 성격이나 습관을 약간씩 바꿀 수도 있습니다.

물론 때로 운명은 가혹합니다. 열심히 노력해서 몸을 가꿨는데 병에 걸려 허약해질 수도 있고, 예상 밖의 불행한 상황이 연속으로 몰려와 모든 의지가 꺾일 수도 있습니다. 하지만 이런 불운 속에서도 인간은 자기의식을 갖는 한 변화를 모색할 수 있습니다. 변화가 실제 원하는 대로 이뤄질지는 알 수 없지만, 적어도 변화를 꿈꿀 수는 있죠. 이것이 인간이 사물과 다른 점입니다.

사랑과 분열의 힘

저는 사랑에 인간을 변화시키는 특별한 힘이 있다고 믿습니다. 사랑이 자기의식을 촉진하기 때문입니다. 사랑은 내 삶에 하나의 거울을 받아들이는 과정입니다. 사랑하는 상대는 우리를 비추는 거울로서 우리의 맞은편에 놓입니다. 우리는 그 사람을 통해 나 자신을 새로운 각도에서 바라보게 됩니다.

또한 사랑의 관계에서는 '우리'라는 새로운 자기가 생겨나 내 삶을 '우리'의 시각에서 바라보게 합니다. 이전까지 '나'의 생존과 행복이 삶의 목적이자 주 관심사였다면, 사랑을 할 때는 '우리'의 과거, 현재, 미래가 중요한 것으로 부상합니다.

'우리'의 자기의식은 '나'의 자기의식보다 근본적으로 더 강력합니다. '우리' 안에는 '나'와 '너'라는 더욱 뚜렷한 분열이 내포돼 있기 때문이지요. 나 혼자만의 자기

의식은 생각보다 흐릿할 때가 많습니다. 자신을 초월하지 못하고 그저 사물처럼 통일된 상태로 존재하는 거죠. 특히 사람이 하나의 기계처럼 작동해야 하는 현대사회에서는 '나'를 뚜렷하게 마주 보기가 쉽지 않습니다. '과거의 나'와 '지금의 나'를 미처 분리하기도 전에 '다음 일처리'로 나아가야 하니까요.

반면 '우리'의 경우, 근본적으로 상대방이 내 맞은편에 서서 내게 말을 걸고, 감정을 일깨우고, 생각을 유도합니다. 그래서 우리는 나에 대해, 너에 대해 그리고 우리에 대해 더 복합적인 의식을 품게 됩니다.

게으른 부모가 자식을 위해 열심히 일하는 건 사랑 때문에 가능한 현상입니다. 맞은편에서 말을 걸어오는 아이의 존재가 너무나 강력하기 때문에, 이전의 나의 상태에 그대로 남아 있을 수 없는 겁니다.

사랑은 함께 만들어가는 것입니다. 물론 일방적인 사랑도 있습니다. 내가 아무리 노력해도 상대가 '우리'의 의식을 품지 않을 수도 있겠죠. 안타깝지만 이 정도로까지 극단적인 자기중심성에 빠져 있는 사람과는 사랑의 발전을 기대하지 않는 게 더 현명할 수도 있습니다.

하지만 대부분 관계는 이렇지 않습니다. 상대는 내 행동에 반응하는 존재이며, 내 마음에 감동할 줄도 아는 사람입니다. 그런 사람과는 '우리'의 자기의식을 만들어나갈 수 있습니다. 나와의 상호작용을 통해 상대는 사물 같은 상태에서 빠져나와 자신을 의식하고 변화를 꿈꾸게 될 수 있습니다. 초월을 자각하고, 지금까지 겪었던 패턴과는 다른 상황에 자신을 밀어 넣게 될 수 있습니다.

이런 작은 발걸음을 이끌어내는 게 '나'의 역할입니다. 내가 열정을 쏟고, 현명하게 행동하고, 진심으로 상대를 대하는 게 먼저죠. '사람은 안 변해'라는 결론은 너무 성급합니다. 상대의 변화를 위해 내가 헌신할 수 있는지를 스스로에게 먼저 질문해야 합니다. 헌신이 없으면 변화도 없을 겁니다. 만약 헌신하기 싫다면, 지금의 상태에 만족하거나 혹은 '나와 완벽히 잘 맞는 다른 사람'을 찾아야 할 겁니다. 이 세상이 그런 일을 허락할지는 의문이지만요.

" 사랑의 의미는
 보편적 원리에
 의존하지 않고 스스로
 만들어나갈 수 있다."

누군가를 정말 사랑하는지
어떻게 알까?

　영어권에서 연인에게 "Do you love me?"라고 묻는 건 때론 실례가 된다는 이야기를 들어보셨나요? "I love you"라는 말은 주로 연인 관계가 아주 깊어졌을 때만 한다고 합니다. 우리말도 비슷한 듯합니다. 사랑한다는 말을 남발하는 사람도 있긴 하지만, 어느 정도 관계가 깊어졌을 때 비로소 이 말을 많이 하게 되지요.

　때로 우리는 상대방을 정말로 사랑하는지, 아니면 단순 호감인지 헷갈려합니다. 같이 있으면 좋긴 한데 그렇다고 해서 사랑한다고까지 말할 수 있는지 확신이 없는 거죠. 그럴 때 상대방이 "나 사랑해?" 혹은 "왜 사랑한다고 말 안 해?"라고 물으면 참 당황스럽습니다.

심리학자 지크 루빈$^{Zick Rubin}$은 사랑이 갖는 특징으로 애착, 보살핌, 친밀감을 제시했습니다. 먼저 애착은 상대방과 함께 있고 싶은 열망을 나타냅니다. 서로를 만질 수 있는 허용의 정도도 중요한 역할을 하고요. 보살핌은 나의 행복만큼이나 상대의 행복을 신경 쓰고 실질적 도움을 주려는 걸 가리킵니다. 친밀감은 상대와 사적인 생각, 느낌, 욕망을 공유하고자 하는 걸 뜻합니다.

루빈의 기준은 꽤 설득력이 있는 것 같습니다. 호감만 있는 경우에는 상대방과 함께 있으면 좋지만, 상대방이 없을 때 허전함을 크게 느끼지는 않습니다. 있으면 좋지만 없어도 인생에 큰 지장은 없는 거죠. 또 내 삶을 희생하면서까지 그 사람의 행복을 보장해주고 싶어 하지도 않습니다. 내 은밀한 내면을 드러내기를 주저하기도 하고요. 상대와의 관계에서 사랑이라고 부를 만큼 깊이 있는 무언가를 느껴야 비로소 내 가장 깊은 속내까지 드러내고 싶어집니다.

사랑을 이해하는 데 이런 구별이 꽤 도움이 되긴 합니

다. 하지만 모든 규정은 하나를 밝히는 동시에 다른 것을 가려버리기도 합니다. 사실 '사랑'은 인간이 사용하는 단어 중 그 의미가 가장 묘연한 개념 중 하나입니다.

사랑은 각 문화권에서 고대부터 현대까지 무수히 많은 의미로 쓰였습니다. 한국에서의 사랑과 이집트에서의 사랑이 다르고, 신라의 사랑과 조선의 사랑이 다릅니다. 우리는 매일 사랑이라는 단어를 사용하지만, 이 말의 의미를 정확히 알고 쓰는 건 아닙니다. 그저 대략적인 현상을 뭉뚱그려서 말할 뿐이죠.

심지어 우리는 사랑이 감정인지, 행위인지, 관계인지도 정확히 모릅니다. 여기서 '모른다'는 건, 지금은 아직 알려지지 않았지만 언젠가는 그 진실이 발견될 거라는 뜻이 아닙니다. 애초에 명확히 발견될 수 있는 성질의 대상이 아니라는 겁니다. 사랑을 정의하려고 하는 한, 우리는 항상 사랑을 충분히 이해하지는 못할 겁니다.

사랑의 의미가 무너지다

현대사상의 맥락에서 사랑의 의미를 규정하지 않는 것은 상당히 중요합니다. 전통적으로 사랑의 의미는 종교의 영향을 강하게 받았습니다. 사랑은 종교적 관념과 연결되기 참 좋은 주제입니다. 사랑은 기본적으로 생명을 잉태시키는 힘을 갖고 있습니다. 그래서 세계의 시작, 우주의 근원, 사회의 기초 같은 걸 이야기할 때 사랑을 끌어들여 이야기하는 게 상당히 자연스럽죠. 유대교, 기독교, 이슬람교, 힌두교, 유교 등 수많은 전통 종교에서 사랑을 중요한 주제로 삼고, 각각 관점에 맞게 사랑을 이야기했습니다.

그러다가 현대에 들어 사랑에서 종교적 색채를 지우려는 움직임이 일어났습니다. 그 일에 가장 앞장섰던 사람 중 한 명이 니체입니다. 니체는 실존주의가 사상적으로 정리되기 이전의 인물이지만, 많은 전문가가 최초의 실존주의자 중 한 명으로 평가하죠. 보편성의 절대적 권위를 깨뜨리고 개인의 고유성에 주목하는 관점을 강력하게 주장했기 때문입니다.

니체는 뭐니 뭐니 해도 "신은 죽었다"는 말로 가장 잘 알려져 있는데, 이 말을 단순히 종교의 권위가 약해진 시대상을 포착한 말로 해석해서는 안 됩니다. 그 당시 종교는 모든 보편적 원리의 대표자였을 뿐입니다. 종교, 도덕,

과학, 이념에는 모두 보편성을 내세워 개별성을 억압하는 면이 있습니다.

일례로 '거짓말은 나쁘다'는 도덕법칙을 생각해보죠. 거짓말은 상황에 따라 나쁠 수도 있고 좋을 수도 있습니다. 그런데 도덕법칙은 사람이 보편적 권위에 따라 일률적으로 판단을 내리도록 요구하면서, 개개 상황의 특수성에 주목할 에너지를 앗아갑니다.

요즘 심리학이라는 이름의 과학에서 인간 존재를 설명하는 걸 생각해볼까요. 예컨대 '회피형 인간은 이러이러한 특징을 가졌다'라고 보편적 기준을 통해 인간 군상을 묶어버립니다. 같은 회피형 인간이라도 개인마다 조금씩 다르고, 그 약간의 차이가 때론 아주 결정적일 수도 있는데 말입니다.

이처럼 보편적 원리는 개성이 눈에 보이지 않도록 억압해버립니다. 니체는 바로 이 고유성의 억압에 전반적으로 반대했던 겁니다. (과학을 믿지 말자는 얘기가 아닙니다. 과학으로 무언가 하나가 밝혀질 때 다른 것이 가려진다는 걸 말하는 것일 뿐입니다.)

니체는 사랑에 대해서도 보편적 이해를 강력히 거부했습니다. 종교적 사랑도, 도덕이 명령하는 사랑도, 소설에 등장하는 로맨틱한 사랑의 이상도 모두 거부했지요. 이들 모두 '이미 주어져 있는' 원리로 사랑을 규정합니다. 모두가 따르면 좋을 이상적인 사랑의 모습을 정한 뒤, 그 사랑을 성취하면 초월적인 가치를 얻을 것처럼 말하죠. 여행지에서 운명적인 상대를 만나 사랑을 하면 천상의 만족을 얻을 것처럼 이야기하는 문학작품이 대표적 예시입니다.

하지만 사랑에 대한 이런 이야기는 어디까지나 추상적인 남의 이야기일 뿐입니다. 우리는 각자 삶의 모든 순간을 그때그때 달라지는 조건에서 체험합니다. '좋은 사랑의 모델'이 보편적 도식이나 추상적 통계로 주어질 수는 있어도, 나에게 해당되리란 보장은 없습니다.

사랑의 의미를 창조하기

우리는 이미 주어져 있는 보편적 원리에 의존해 사랑의 의미를 규정할 게 아니라, 내 사랑의 의미를 스스로 만들어나갈 수 있다는 걸 의식해야 합니다. 이것이 현대인이 처한 자유의 상황입니다.

그런데 문제는 보편적 원리에 의존하지 않으면 내 존재가 끝없는 어둠에 빠진 듯 느껴질 수 있다는 겁니다. 자유는 때로 앞이 보이지 않고 무서운 것이기도 하니까요. 미래가 정해지지 않고 열려 있을 때, 규정되지 않은 그 상태가 즐겁기도 하지만 동시에 불안과 부담도 느껴집니다.

사랑의 의미도 마찬가지입니다. 누군가가 '이게 사랑이야'라고 정해주면 거기에 기대어 살아갈 텐데, 사랑의 의미를 스스로 찾아야 하니 모든 게 불확실하고 부담스럽죠. 이 부담을 해결하고자 많은 사람이 좋아함과 사랑의 차이를 인터넷에 검색해보는 모양입니다.

한 가지 다행인 점은, 사랑의 의미는 내가 창조하기 이전부터 이미 내 삶에 들어와 있다는 겁니다. 우리가 미처 의식하기 전에 이미 삶의 여러 순간에서 사랑이 주어집니다. 그것은 우리가 '사랑이 뭐냐'고 묻는 이론적 의식보다 훨씬 더 강력하죠. 그래서 사랑에 '빠진다'고 말하는 겁니다.

사랑은 그것에 대해 우리가 어떤 생각을 하기 이전에, 이미 우리를 감쌉니다. '내가 저 사람을 사랑하나?'

라는 의문을 품기 전에, 우리 의식은 이미 그 사람에 대한 사랑을 경험하고 있습니다. 다만 그 경험이 '일반적으로 사람들이 말하는 사랑'에 들어맞는지 확인하고 싶어서 좋아함과 사랑의 차이를 물을 뿐이죠. 이는 사랑의 경험에 정말로 의구심이 들어서 하는 질문이라기보다는 사랑의 개념을 어떻게 사용해야 좋을지를 묻는 것에 더 가깝습니다.

사랑의 의미를 창조하라는 요구는 무에서 유를 만들어내라는 게 아닙니다. 그보다는 특정 규정에 집착하지 말고 자기 내면에서 일어나는 사랑의 활동에 주의를 기울이라는 의미입니다. 보편적 원리에 따라 사랑을 규정하려고 하면, 막상 내가 정말로 뭘 느끼는지에 주목하지 않게 됩니다.

'배우자가 집을 공동명의로 안 하려고 하는데, 저를 사랑하는 게 맞나요?', '연인이 스킨십 진도를 안 나가는데 저를 사랑하는 게 맞을까요?', '상대방을 봐도 별로 설레지 않는데 사랑이 식은 걸까요?' 이런 질문을 인터넷에서 심심치 않게 볼 수 있는데, 다 보편적 기준을 바탕으로 사랑을 평가하려는 사고방식입니다.

이런 질문을 던지기에 앞서 내가 상대방과의 유일무이한 관계에서 무엇을 특수하게 느끼고 있는지를 들여다봐야 합니다. 그래야 나에게 진정으로 의미 있는 사랑이 무엇인지 파악할 수 있습니다.

때로는 '앎'보다 '느낌'이 더 중요합니다. 언어적으로 사랑을 정의하기보다 내 느낌에 주의를 기울일 때, 사랑의 의미를 쉽게 느끼게 될지도 모릅니다. 사랑인지 아닌지에 대한 답은 생각보다 더 가까이에, 즉 내 안에 있을 겁니다.

"중요한 건
'얼마나 유연한 정신을
갖고 자유롭게 살 것인가'
이다."

사랑을 주는 것과 받는 것 중
무엇이 더 행복할까?

우리는 사랑을 거래나 교환으로 생각하는 데 익숙합니다. 자본주의의 영향력이 무지막지한 시대이니 어쩔 수 없는 현상인지도 모릅니다. 사람들은 '사랑의 시장'에서도 최대한 덜 주고 더 받는 게 이득이라고 생각합니다. 거래의 법칙에 따라 '나와 급이 맞는 사람'을 만나야 한다고도 생각하고요. 내 자원에 비해 못난 사람을 만나면 손해고, 더 잘난 사람을 만나면 이득이라 여깁니다.

사랑 주기 vs 사랑 받기. 한 연애 크리에이터가 생방송에서 이 중 하나를 선택해보라고 했는데, 후자를 선택한

댓글이 대다수였습니다. 대개 '받는 사랑'이 더 이득이라고 생각하기 때문이었죠. 나보다 상대가 더 많은 관심을 주고, 나보다 상대가 데이트에 더 많은 돈을 쓰고, 상대가 원하는 것보다 내가 원하는 걸 더 많이 하면 당연히 좋지 않을까요? 거래 구도에서 생각해보면 이는 분명 이득입니다.

그런데 흥미롭게도 '주는 사랑'을 선택한 사람들도 거래 구도에서 사랑을 바라보았습니다. 그들은 '더 많이 주는 게 더 이득'이라고 생각했지요. 내가 상대에게 더 베풀면 그만큼 더 잘난 사람을 만날 수 있다고 본 것입니다. 나에 비해 외모가 더 훌륭하거나 직업이 좋은 사람에게는 내가 더 많이 줘야 등가교환이 성립한다는 논리죠. 즉, 더 많이 주는 게 행동 차원에서는 손해로 보일지라도, 누구를 얻을 수 있느냐의 차원에서는 나름 이득이라는 겁니다.

많은 사람이 '사랑 주기 vs 사랑 받기' 논쟁에서, 주는 것도 받는 것만큼 직관적으로 행복할 수 있다는 사실을 고려하지 않았습니다. 인간은 주는 데서 큰 기쁨을 느끼는 능력이 있습니다. 영장류 학자들은 인간만큼 이타적인 행동을 뚜렷이 보이는 영장류는 없다고 말합니다. 친구에게 자신의 먹을 것을 나눠주는 행위는 영장류 사회에서는 아주 드물고 예외적으로만 일어납니다. 영장류들은 배가 부르지 않는 이상 먹을 걸 얻으면 일단 본능적으로 자신이 먹습니다. 하지만 인간은 이와 아주 다르죠. 인간은 남을 돕기 위해 자주 자신의 원초적 욕구를 포기합니다.

특히 가족을 보살피려는 인간의 마음은 참 지극합니다. 어떤 사람들은 서양은 개인주의가 발달해 가족 간에도 별로 신경 쓰지 않는다고 말하지만 이는 사실과 다릅니다. 서양 사람들도 가족을 아끼는 마음은 똑같습니다. 개인사에 참견하는 정도에서 차이가 있을 뿐이죠.

소중한 사람에게 무언가를 줄 때 느끼는 기쁨은 삶에서 가장 핵심적인 즐거움 중 하나입니다. 어떤 보상이 주어져 기쁜 게 아니라, 내가 가진 것을 상대에게 준다는 것 자체가 순수하게 기분 좋습니다. 자본주의 사회에서 우리가 익숙하게 받아들이고 있는 교환법칙의 선입견을 걷어내고 보면, 내가 준 것보다 훨씬 더 적은 걸 돌려받아도 그저 즐거운 순간이 우리 삶에는 참 많습니다. 심지어 생면부지 타인에게 도움을 주며 기쁠 때도 있죠. 누군가 잃어버린 물건을 찾아준 일이 하루의 순수한 기쁨이 될 수 있습니다. 답례를 바라서가 아니라, 그 행동 자체가 즐거운 것입니다.

하물며 사랑하는 사람과의 관계에서는 어떨까요? 사랑하는 사람을 돌보고 그의 행복을 지지해줄 때 기쁜 건 자연스러운 일 아닐까요? 현대인들은 계산적으로 가치를 주고받는 데 익숙해진 나머지, 이 순수한 기쁨을 낯설게 느끼지만 말입니다.

나와 타인 사이의 흐릿함

여기서 더 나아가 철학적 질문을 던져보겠습니다. 과연 사랑을 주는 것과 받는 것을 구별하는 게 가능할까요? 주기와 받기를 이분법적으로 구별하려면 개인이 각자 원자적으로 존재한다고 전제해야 합니다. 나와 다른 사람이 따로 존재하고 있어야 '내가 가진 것'을 '남에게 주는 것'이 가능하니까요. 하지만 각각의 사람이 명확히 구별되지 않은 채로 존재한다고 가정하면, 주기와 받기의 구별은 불분명하고 미묘한 문제가 됩니다.

실존주의자들은 개인의 경계를 명확히 확정하는 시각에 반대했습니다. 얼핏 보면 실존주의는 개인의 가능성과 자기결정권에 주목하면서 한 사람의 뚜렷한 정체성을 전면에 내세우는 것 같지만, 사실 그렇지 않습니다. 오히려 개인이 얼마나 심대하게 다른 사람들에 의해 구성되는지에 주목합니다. 실존주의자들은 내 존재를 공정하고 투명하게 고찰할 것을 강조하죠.

내 존재를 투명하게 들여다보면, 정말로 순수하게 '나의 것'이라고 부를 만한 건 거의 없다는 걸 알게 됩니다. 내가 어떤 목표를 추구한다고 생각하지만 내 목표는 사실 다른 사람의 목소리에 의해 구성되었습니다. 내가 뭔가를 원한다고 생각하지만 내 욕망 자체는 타인의 욕망에 영향을 받습니다. 순수하게 나의 결정으로 행동한다고 생각하지만 사실 나는 매 순간 남들의 행동을 모방하고 있죠.

실존주의자들의 생각에 따르면, 나와 타인의 관계는 근원적으로 뒤섞여 있습니다. 요즘 '진짜 나'를 찾으라는 이야기가 많이 들리는데, 이 말은 실존주의적 입장에서 보면 심각한 오류를 담고 있을 위험이 있습니다. '진짜 나'를, 다른 사람의 정체성에서 완전히 벗어난 '순수한 나'라는 의미로 받아들인다면 말이죠. 실존주의자들은 이런 순수한 자아가 결코 존재하지 않는다고 보았으니까요. 그들은 순수한 자아를 찾으려는 기대가 나의 존재를 투명하게 들여다보지 못하기 때문에 생기는 환상이라고 생각했습니다. 정말로 나를 제대로 이해하고자 한다면, 우리는 나 자신이 완전히 뿌리 깊은 차원에서부터 남들과 뒤섞여 존재한다는 걸 인정해야 한다는 겁니다.

이러한 뒤섞임의 세계관을 받아들인다면, 주기와 받기의 엄격한 구별은 무의미해집니다. 내 것과 남의 것의 구별이 애초에 흐릿하니, 내 것을 남에게 주는 것과 남의 것을 내가 받는 것도 완전히 명확하게 구별할 수 없게 됩니다.

자아의 경계를 다시 생각하기

오래전부터 동아시아 문화권에는 실존주의와 비슷한 아이디어가 있었습니다. 불교에서 가장 중요하게 받아들이는 주장으로 '무아설無我說'과 '연기설緣起說'이 있는데요, 무아설은 나는 존재하지 않는다는 입장이고, 연기설은 세상의 모든 것이 연결돼 있다는 입장입니다. 이 두 입장은 모두 나와 다른 사람의 경계가 고정적이지 않다는 생각을 담고 있습니다.

그래서인지 불교에서는 극단적인 선행에 관한 이야기도 많이 등장합니다. 자신의 살을 찢어서 굶고 있는 생명체에게 주는 이야기가 대표적입니다. 나와 다른 존재가 명확히 구별되지 않기 때문에, 나를 해쳐서라도 다른 존재를 돕는 건 결국 나 자신을 돕는 일이 됩니다.

물론 현실에서 우리가 이런 행위를 따라할 필요는 없습니다. 하지만 자아의 경계를 의심하는 자세는 배워야 합니다. 다른 사람 없이는 내가 존재할 수 없으며, 내 존재는 근본적으로 다른 존재자들을 통해 이뤄진다는 걸 인정하면, 주기와 받기를 계산하느라 골머리 앓는 피곤함에서 벗어날 수 있습니다. 내가 좀 손해를 보는 것 같더라도 너그럽게 넘어갈 수 있지요. 손해의 의미가 내 자아의 경계를 어떻게 보느냐에 따라 달라진다는 걸 아니까요.

이는 허무맹랑하거나 이상적인 이야기가 아닙니다. 실제로 연인관계, 부부관계, 가족관계에서 이해관계는 불

명확합니다. 부모가 아이에게 밥을 해주는 건 노후 대비 투자가 아니며, 애인이 곤경에 처했을 때 문제를 대신 해결해주는 게 나중에 뭔가를 받아내기 위해서는 아닙니다. 우리는 때로 누군가의 행복을 위하는 일 자체에서 순수한 기쁨을 느낍니다. 이익과 손해를 계산하는 것 자체가 불가능한 순간이 우리 삶에는 분명 많습니다.

사랑을 줄 거냐 받을 거냐, 이 양자택일은 중요하지 않습니다. 얼마나 유연한 정신을 갖고 자유롭게 살 것인지가 훨씬 더 중요하죠. 내 존재의 경계를 명확히 정하고 그 경계 안에 얼마나 많은 이익이 들어왔나 시시때때로 헤아리는 게 과연 행복할까요? 그건 조금 더 자유롭게 생각하고 다양한 각도에서 세상을 느끼며 살아갈 자유를 스스로 포기하는 겁니다.

상대방과 나의 경계를 조금 더 관대하고 여유롭게 바라보고자 노력하는 건 어떨까요? 그러면 자신의 존재에도 더 관대해질 겁니다. 또한 나를 비롯한 세상의 대상들을 더 따뜻하고 정감 어린 눈길로 바라보게 될 겁니다.

"진정한 사랑은
오직 강력한 자유 의식
속에서 이루어진다."

연애 프로그램에서
사랑을 배울 수 있을까?

연애 프로그램은 오래전부터 꽤 인기였습니다. 90년 대에도 소개팅 프로그램은 있었습니다. 2010년대 들어 케이블방송 전성시대가 열리며 비연예인 출연진으로 현실감을 높인 연애 프로그램이 많아졌고, 방송 포맷도 다양해지고 연출도 훨씬 세련되어졌습니다. 〈하트시그널〉은 웃긴 예능에서 벗어나, 남녀의 만남 과정을 제법 진중하게 지켜보는 관찰 예능 형식을 취했고, 〈환승연애〉는 이별한 커플들이 서로 섞이며 벌어지는 긴장을 다뤘으며, 〈남의 연애〉는 남성 간의 사랑을 다루는 등 보다 다양한 관계를 보여주려 했습니다.

연애 프로그램은 왜 이렇게 끊임없이 인기를 끄는 걸까요? 일단 주목해야 할 점이 하나 있습니다. 연애 프로그램은 기본적으로 '남의 사랑' 이야기를 다룬다는 점에서 소설이나 영화 같은 다른 문화적 산물과 공통분모를 가집니다. 남의 연애사에 대한 관심은 고대부터 신화, 시, 그림, 조각에 반영되었습니다. 소설의 경우에도 초창기에는 자극적인 사랑 이야기를 담은 작품이 많았죠. 그 후로도 흥미진진한 연애사는 핵심 소재였고요. 이렇게 보면 남의 연애사를 보며 즐거움을 느끼는 건 인간의 본성인지도 모르겠습니다. 영상 매체가 등장했을 때 사랑 이야기를 다룬 영화와 드라마가 만들어지고, TV 방송에 연애 프로그램이 등장한 건 꽤 자연스러워 보입니다.

우리는 연애 프로그램을 보며 공감을 합니다. 공감에는 여러 의미가 있는데, 그중 하나는 다른 사람의 감정을 지각할 때 나 또한 그 감정을 비슷하게 느끼게 되는 겁니다. 심리학자들은 이를 가리켜 '감정전이感情轉移'라고 합니다. 이런 관점에서 보면 연애 프로그램이 인기를 끄는 건 매우 당연합니다. 출연자가 매력적인 상대를 만나 느끼는 설렘이 말과 표정과 몸짓으로 다 표현되니, 시청자도 자연스럽게 비슷한 설렘을 느끼게 되죠.

연애 프로그램은 감정적 공감을 넘어 인지적 공감을 자아내기도 합니다. 우리는 연애 프로그램을 보며 사랑에 대한 여러 지식을 습득합니다. 다른 사람들은 연애를 어떻게 할까? 이 궁금증이 연애 프로그램을 보는 주된 목적 중 하나죠. 사랑은 지극히 개인적인 일이지만, 동시에 보편적인 일이기도 합니다. 내 사랑은 오직 나만이 알고 느끼지만, 이 비슷한 걸 다른 사람들도 다 경험하고 있으리란 걸 우린 잘 압니다. 그래서 남의 사랑을 관찰하면서, '저런 상황에서 이런 식으로 행동하는 사람도 있구나' 하는 지식을 얻기도 하고, '나만 그런 게 아니구나' 하는 공감이나 위로를 얻기도 합니다.

자기중심성과 쉬운 쾌락

연애 프로그램이 우리에게 큰 즐거움과 공감대를 선사하는 건 사실이지만, 쉽고 책임 없는 쾌락을 준다는 문제도 있습니다. 앞서 언급했듯이 연애 프로그램으로 얻는 쾌락은 감정전이에 기초하기 때문에, 깊은 생각이나 소통의 노력을 기울이지 않아도 반자동적으로 주어집니다. 하지만 현실에서 사랑의 즐거움을 얻으려면 큰 용기를 내고, 난관을 극복하고, 고통을 견뎌야 하죠. 어쩌면 사랑의 관계를 유지해나가면서 쾌락보다 고통을 더 많이 겪을지도 모릅니다. 현실에서는 사랑에 엄청난 책임이 따릅니다. 그런데 연애 프로그램을 볼 때는 고통이나 책임과 무관하게 즉각적으로 사랑과 관련된 설렘이나 행복감을 느낄 수 있습니다. 이런 쉬운 쾌락에 익숙해지면 현실적 사랑을 일궈나가는 감각이 감퇴할지도 모릅니다.

실존주의자들은 사랑이 결코 쉬운 일이 아니라는 걸 잘 알고 있었습니다. 실존주의적 관점에서 사랑이 어려운 이유는, 진정한 사랑은 오직 강력한 자유 의식 속에서 이뤄지기 때문입니다. 철학자 시몬 드 보부아르가 제시한 사랑의 모델은 전형적인 실존주의적 사랑의 면모를 보여줍니다. 보부아르는 사랑의 핵심이 상대를 자유로운 인간으로서 존중하는 데 있다고 생각했습니다.

그 사람 고유의 자유를 발견하기란 결코 쉽지 않습니다. 나의 자유를 철저히 인식하는 것도 쉽지 않은데, 남의 자유를 깊이 인식하는 건 더더욱 어렵겠죠. 대부분 자기중심적 사고방식에 익숙합니다. 그래서 상대방의 고유한 가능성에 주목하기보다는 나의 관점에서 그 사람의 정체성을 규정하려 합니다. 이런 자기중심성은 겉보기에 긍정적인 것 같은 사랑에도 침투돼 있습니다.

보부아르는 (부정적 의미의) 헌신적인 사랑을 비판했습니다. 많은 경우 헌신적인 사랑은 상대의 입장이 아닌 자신의 입장을 앞세웁니다. 상대가 정말로 원하는 걸 주는 게 아니라 내가 원하는 걸 상대방한테 투영합니다. 아이 곁을 떠나지 않고 과도한 관심을 주는 소위 '헬리콥터 맘/대디'가 전형적인 사례라 할 수 있습니다. 이들은 아이를 자유로운 인간으로서 존중하지 않고, 자신들이 원하는 바를 아이한테 투영하여 아이를 매개로 자신의 욕망을 충족합니다.

연인관계에서도 이런 일은 비일비재합니다. 예를 들어, 기념일에 상대방이 정말로 원하는 게 뭔지 혹은 상대방이 선물을 원하는지 등은 생각해보지도 않고 '상대방이 원할 것이라고 내가 생각하는 선물'을 줍니다. 그게 상대를 위하는 일이라고 자의적으로 판단하면서 말이죠. 명품 가방처럼 값비싼 물건을 사주는 건, 내가 보기에나 남들이 보기에나 대단한 사랑 같습니다. 하지만 상대방을 자유로운 인간으로 존중하는지는 별개의 문제입니다. 어쩌면 나는 명품 가방을 주면서 상대방이 '내가 원하는 그런 사람'이 되기를 욕망했던 걸지도 모릅니다. 혹은 '상대방에게 이렇게 잘해주는 나의 모습'을 욕망했던 걸 수도 있습니다. 이 경우 선물을 받는 주체는 상대가 아닌 나입니다. 내가 나에게 선물을 준 셈이죠.

하물며 아예 자기 이익의 관점으로 사랑을 보는 사람은 얼마나 자기중심적으로 상대를 규정할까요? 나는 저 사람이 외모가 훌륭해서 만나는 거다, 돈이 많아서 만나는 거다, 안정적인 직장을 다녀서 만나는 거다…. 이런 자기 이익의 관점을 취하면 상대는 나의 특정 목적을 위한 존재가 됩니다. 상대의 고유한 가능성은 전혀 존중받지 못하지요.

어렵지만 고갈되지 않는 사랑

자기중심성을 극복하는 건 쉽지 않습니다. 그래도 현실에서 행복한 사랑의 관계를 만들어나가는 사람들은 이

어려운 일을 성취하기 위해 부단히 노력하지요. 내 욕망을 투영하거나 상대를 내 이익에 맞게 규정하는 시각에 잡아먹히지 않고, 상대의 독자성을 인정하고자 애씁니다. 나만 주연으로 여기고 상대방을 조연으로 취급하지 않습니다. 둘이 함께 주연인 영화를 만들어갑니다. 그러기 위해서는 때로 내가 원하는 걸 포기해야 합니다. 내 것만큼이나 소중하고 타당한 상대의 권리를 지키기 위해 책임을 다해야 할 때도 있고요. 이런 순간들은 참 고됩니다. 하지만 이 고된 과정 없이는 결코 인간 대 인간의 관계를 경험할 수 없습니다. 자기중심적 사고방식을 유지하는 한, 우리는 그저 나 중심의 관계, 사용자와 도구의 관계, 상급자와 하급자의 관계 혹은 두 이방인 사이의 일시적 협정 관계를 경험할 뿐입니다.

그렇다면 연애 프로그램을 볼 때는 자유 의식이 얼마나 발휘될까요? 연애 프로그램을 볼 때 상대방의 자유를 발견하고 존중하는 고된 과정 없이 쉽게 설렘이나 즐거움을 얻을 수 있습니다. 그러다 보니 인간을 내 목적에 봉사하는 수단으로 취급하는 경향이 생깁니다. 출연자는 내 욕구를 만족시켜줘야만 합니다. 외모가 수려하거나, 웃기거나, 엽기적이거나 아니면 화풀이 대상이거나 그 어떤 방식으로든 말입니다. 그러지 않다면 시간을 들여 프로그램을 보고 있을 이유가 없습니다. 일반적으로 사람들은 출연자의 자유가 제한될수록(그가 내가 원하는 대로 행동할수록) 만족합니다. 여기에 자유롭고 동등한 인간 대 인간의 관계란 없습니다.

자기중심성은 자칫 프로그램이라는 환상의 경계를 넘어 현실 연애에 침투하기도 합니다. '내 애인은 TV에 나온 사람보다 못생겼네', 'TV에 나온 사람은 이런 상황에서 자상하게 챙겨주던데, 내 애인은 아무것도 안 하네' 하는 식으로 환상을 투영해 상대방을 규정하게 됩니다. 대중매체를 통해 전파된 보편성이 상대방의 고유성을 가려버리는 거죠.

이렇게 되면 상대방을 '한 명의 대체 불가능한 사람'으로 대하는 게 아니라, '누구보다는 낫고 누구보다는 못한 사람', '더 나은 사람이 온다면 대체될 수 있는 사람'으로 대하게 됩니다. 물론 이런 관계도 얼마간은 만족스러울 수 있습니다. 인간은 때로 내 이야기를 들어주거나 내 손을 잡아주는 사람을 곁에 두는 것만으로도 행복을 느끼니까요. 하지만 한 인간의 중심과 맞닿는 깊은 경험은 할수 없습니다. 항상 더 큰 만족을 주는 '더 나은' 대상을 갈망하게 될 겁니다.

말은 이렇게 했지만, 연애 프로그램이 꼭 나쁘다고만 보지는 않습니다. 남의 생활을 들여다보는 것은 기본적으로 시야를 넓히는 데 도움이 됩니다. 사랑은 지극히 개인적이면서도 아주 보편적인 현상입니다. 사랑과 관련해 다양한 인물이 각종 상황에서 어떻게 행동하고 느끼는지를 보는 건 타인뿐만 아니라 나를 동시에 돌아볼 기회가 됩니다. 그리고 무엇보다 연애 프로그램은 재밌습니다. 예능이 재밌으면 그걸로 일차적인 역할은 다한 것이죠.

하지만 가끔은 내가 지금 이걸 왜 보고 있는지 스스로에게 물어볼 필요가 있습니다. 순전히 재미를 위해 보는 거라면 문제될 게 없지만, 현실에서의 고된 사랑을 떠나 미화된 사랑 속에서 즐거움을 찾는 거라면, 그 즐거움은 오래가지 못할 겁니다. 진정으로 깊은, 고갈되지 않는 즐거움은 자유 의식 속에서 체험되니까요.

"하나의 선택지밖에 없다는
편향 상태에서 벗어나야
자유로운 존재가
될 수 있다."

연인의 배신을 용서해야 할까?

연인 혹은 배우자가 나 몰래 다른 사람을 흠모하고 있다면 어떨까요? 혹은 육체적 관계까지 맺었다면? 아마 분노가 치밀 겁니다. 당장 이별을 고하는 게 당연한 반응이겠죠. 이는 일반적으로 아주 정당하고도 당연한 처사입니다.

하지만 우리에게는 용서라는 선택지도 있습니다. 만약 상대가 나와 계속 함께하길 원하고, 자신의 행동을 깊이 뉘우친다면 어떨까요? 그 사과는 결코 받아들여질 수 없는 걸까요? 상대는 이미 돌아올 수 없는 강을 건넜고,

어떤 방식으로도 그걸 되돌릴 순 없는 걸까요?

아주 조심스러운 이야기지만, 저는 꼭 그렇지는 않다고 생각합니다. 세상에는 용서가 끊임없이 일어납니다. 때로는 바람보다 더 충격적인 행동도 용서받습니다. 심지어 자기 자식을 무참히 죽인 살인자를 용서하는 부모도 있습니다. 물론 이런 파격적인 용서는 아주 드문 일이지만, 어쨌든 세상에는 그런 일이 일어납니다. 이런 관점에서 바람피운 상대를 용서하는 것도 상상 못 할 일은 아닙니다.

여기서 용서가 우월한 행동이라거나, 용서해야 한다는 주장을 하고 싶은 마음은 없습니다. 사랑의 관계는 저마다 달라서, 용서하지 않는 게 훨씬 더 합리적인 상황도 많다는 걸 압니다. 바람의 횟수, 정도나 깊이, 평소 나에 대한 태도나 마음 등에 따라 용서 여부가 결정될 겁니다. 그리고 일반적으로는 용서를 안 하는 게 당연하고요. '상대를 얼마든지 참고 이해해줄 수 있어야 한다'는 지극히 이상적이고 위선적인 주장은 하고 싶지 않습니다.

다만 용서라는 행동의 가능성과 그 힘 그리고 용서가 나의 존재에 갖는 의미에 관해 이야기하고자 합니다.

삶의 끝에 이르렀을 때 드는 마음

레프 톨스토이$^{Lev\ Tolstoy}$의 단편 소설 〈돌아온 아버지〉
에는 코르네이라는 남성이 등장합니다. 그는 잘나가는 사
업가이자 가정적인 남편, 아버지였습니다. 그러던 어느
날 아내의 바람을 의심하게 됩니다. 그리고 다툼 끝에 결
국 아내를 심하게 때리고 집을 나가버리죠. 집에서 멀리
떨어진 도시에서 새로 사업을 하려 하지만 잘되지 않습니
다. 결국 가진 돈을 모두 잃고 삶을 비관하며 부랑자 신세
가 됩니다. 이 모든 불행을 아내의 탓으로 돌리고 오랜 시
간 그녀를 증오하며 노숙자처럼 살죠.

긴 시간이 흘러 그는 거의 숨을 거두기 직전의 백발노
인이 되어 집을 찾아갑니다. 생애 마지막으로 아내를 만
나 온갖 증오를 쏟아낼 작정이었습니다. 그런데 막상 아
내를 보니, 예전의 당차고 생기 있던 여자는 온데간데없
고 웬 노파가 있었습니다. 그런 아내의 모습에 그는 증오
보다 연민이 일었고, 이렇게 말했지요. "여보, 이제 우리
도 죽을 날이 얼마 남지 않았군요." 하지만 아내는 매몰차
게 그를 쫓아버립니다.

다음 날 아내는 후회심이 들었습니다. '그를 용서해야

할까? 삶의 끝에 이른 그를 이렇게까지 매몰차게 내쫓은 건 잘못이 아닐까?' 이렇게 생각한 그녀는 코르네이를 찾아 나섭니다. 하지만 그를 찾았을 때는 이미 숨을 거둔 뒤였습니다. 이 상황을 톨스토이는 다음과 같이 묘사합니다. "둘 사이에 용서가 이뤄졌는지는 이제 영영 알 수 없게 됐다."

이 이야기를 통해 톨스토이는 용서는 인간적 현상이라고 말하고 있습니다. 서구 기독교 문화 전통에서는 '신이시여, 용서해주소서'라는 말을 쉽게 접할 수 있었습니다. 용서를 인간을 넘어서는 초월적 존재의 일로 여긴 것이죠. 그런데 톨스토이는 신이 해줄 수 있는 용서에는 한계가 있다고 말합니다. 코르네이와 아내는 과연 삶의 끝에 이르러 그간 지은 죄를 용서받았을까요? 신은 알고 있을 겁니다. 하지만 신이 안다고 해서 인간에게 해답이 주어지는 건 아닙니다. 신의 일과 별개로 인간에게는 인간만이 할 수 있는 일이 있습니다. 인간의 용서는 우리에게 달린 일입니다. 코르네이의 아내는 그 기회를 놓쳤지만요.

실존주의자들은 인간이 자신의 운명을 결정하는 존

재라고 믿습니다. 주어진 환경을 내 맘대로 바꿀 수는 없지만, 적어도 각각의 인간은 다른 그 누구도 대신해줄 수 없는 결정의 순간들을 떠안고 살아갑니다. 톨스토이 역시 이런 의식을 공유합니다. 그는 도망칠지 이 자리에 남을지, 사랑하는 사람을 떠날지 떠나지 않을지, 원수를 용서할지 용서하지 않을지 같은 결정의 순간을 묘사합니다. 그리고 신의 뜻이 무엇인지는 결코 확실히 알 수 없음을 말합니다. 이 무지의 상황에서 우리가 할 수 있는 건 그저 자신의 결정을 통해 세상에 행적을 그려나가는 것뿐입니다. 인간은 자신의 행동을 통해 스스로를 고유의 미래로 밀어 넣습니다.

용서는 우리가 고를 수 있는 하나의 선택지입니다. 하지만 가장 외면받는 선택지이기도 하죠. 우리가 용서를 꺼리는 이유는 죄가 상대에게 속한다고 믿기 때문입니다. 상대가 저지른 실수, 모욕, 공격은 영원히 상대 쪽에 남아 있으며, 그건 상대의 책임이라는 거죠. 이런 구도에서 용서는 내가 '상대에게' 베푸는 일이 됩니다. 상대에게 씻을 수 없는 죄가 있음에도 내가 호의를 베풀어 죄를 없는 셈

처주는 거죠.

하지만 용서는 상대뿐만 아니라 나와 관련된 문제이
기도 합니다. 용서를 통해 바뀌는 건 상대의 운명만이 아
닙니다. 나의 운명에도 변화가 생깁니다. 용서는 내가 나
의 분노와 증오에서 벗어나는 일입니다. 상대를 죄인 취
급하며 배척하는 마음을 내려놓고, 내 마음이 쉴 틈을 마
련해주는 겁니다. 이런 의미에서 철학자 김혜영은 이렇게
말합니다. 용서는 "나 자신이 생활할 수 있도록 공간을 마
련하는 것", "내 현재를 갖는 것"이라고요.

과연 그 용서가 정당한지, 과연 신이 그 용서를 지지
할지 우리는 결코 알 길이 없습니다. 하지만 초월적 기준
과 별개로 우리는 자신의 기준에 따라 용서의 길로 나아
갈 수 있습니다. 죄와 분노, 증오를 과거에 남겨두고, 다른
마음으로 살아가기로 결정할 수 있습니다.

이별과 용서는 별개다

용서하는 것과 용서하지 않는 것은 똑같이 가능한 선
택지입니다. 이 중 하나가 나머지보다 더 우월하다고 말
할 확실한 근거는 없습니다. 그런데 우리는 평소 이 두

가능성이 동등하게 존재한다는 걸 인지하지 못합니다. 용서를 안 하는 게 당연하고, 용서는 아예 말이 안 된다고 생각합니다. 적어도 이런 편향 상태는 벗어나야 합니다. 애초에 하나의 선택지밖에 없다고 느끼면 자유로운 선택 자체가 불가능합니다. 그러면 더 이상 자유로운 존재가 아니지요.

마지막으로, 용서는 이별과는 별개의 문제일 수 있다는 걸 짚고자 합니다. 흔히 연인이나 배우자의 바람을 이별 사유로 여깁니다. 이런 관습적 판단에 이의를 제기하고 싶은 마음은 없습니다. 상대가 아무리 다시는 그러지 않겠다고 맹세해도 한 번 깨진 신뢰는 회복하기 어려울 수 있으니까요. 신뢰고 뭐고 바람을 피웠다는 사실 자체가 도저히 용납되지 않을 수도 있습니다.

그런데 이별한다고 해서 용서할 기회가 사라지는 건 아닙니다. 이별은 두 사람이 더 이상 물리적으로 함께하지 않는다는 것을 의미할 뿐입니다. 내 마음은 여전히 그 사람과 관계를 맺게 됩니다. 아픈 추억으로 간직하든, 최대한 의식 바깥으로 밀어내려 노력하든 내 마음 안에서 그 사람과의 관계는 오랫동안 지속될 겁니다.

그 관계를 무엇으로 만들 것인지는 내 선택에 달린 문제입니다. 분노와 증오를 품을지, 조금 더 여유로운 마음을 품을지 말입니다. 이 선택에 따라 앞으로 펼쳐질 우리의 시간은 완전히 달라집니다.

인간 존재는 생각보다 가볍습니다. 내가 모르게, 내 의지와 상관없이 어느새 이 세계에 존재하게 되었다가 얼마간 허락된 시간을 산 후 사라지는 것, 이게 인간 존재입니다. 전생이나 사후세계는 그리 중요하지 않습니다. 내가 아는, 내가 나의 논리를 통해 판단할 수 있는, 내게 친숙한 이 삶과 세계는 무지 속에서 생겨났다가 무지를 향해 사라져갑니다. 짧다면 짧고, 가볍다면 가벼운 이 존재를 무엇으로 채워야 할까요?

여기에 정답은 없습니다. 다만 용서가 가진 힘으로 이미 채워진 집착을 비워내고 다른 것을 채울 자유 공간을 만들 수 있다는 점만 말씀드리고 싶습니다.

오늘 하루, 마음속 누군가를 용서할 수 있는 가능성이 당신에게 있습니다.

내가
살아가는
세계에
대하여

06

"설득력 없는 증거를
확실한 증거로
채택하는 것이
자기기만의 특징이다."

돈과 꿈, 무엇이 더 중요할까?

친구에게 물었습니다. "돈을 좇으면 욕망이고, 꿈을 좇으면 성장일까?" 친구는 이렇게 대답하더군요. "그 반대야. 돈을 좇으면 성장이고, 꿈을 좇으면 욕망이지." 재미있고 그럴듯한 대답이라고 생각했습니다.

현대사회에서 돈은 없어선 안 될 생존 수단입니다. 돈은 나를 위해, 또한 다른 사람을 지키고 보살피기 위해 필요합니다. 돈이 없으면 소중한 사람이 어려움에 처했을 때 도와줄 방법이 극히 적어집니다. 어른으로서 나 자신과 사랑하는 사람을 책임지려면 돈이 꼭 필요합니다. 어마어마한 돈이 있어야 하는 건 아니지만, 이왕이면 넉넉할수록 좋습니다.

반면 꿈은 무책임한 걸 수도 있습니다. 내가 하고 싶은 것, 이루고 싶은 것을 좇는 게 현실적 필요와 맞아떨어진다는 보장은 없으니까요. 돈과 상관없는 꿈을 좇으면 삶의 여러 변수에 대처하기 어려워집니다. 가족이 아플 때 금전적 도움을 주지 못할 수도 있고, 좋은 기회를 만났을 때 돈이 없어서 놓칠 수도 있겠죠.

이렇게 보니 정말 돈을 좇는 게 성장이고 꿈을 좇는 게 욕망이라는 대답이 타당하게 들립니다.

성장이란 성숙한 인간으로 되어가는 것입니다. 책임과 지혜가 필요한 과정이죠. 현실적인 필요를 도외시하고 꿈을 좇는 건 책임과 지혜 모두와 분명 거리가 멀어 보입니다. 자본주의 사회에서 책임은 돈과 분리될 수 없습니다. 그리고 지혜는 주변 환경의 변화에 대응하는 능력을 의미합니다. 꿈만 보고 달려가느라 주변의 욕구나 현실적 조건 변화에 적응하는 민감성을 키우지 못한다면 지혜로운 사람이 되기 어렵겠지요.

물론 돈을 좇는다고 해서 책임과 지혜가 길러지는 건 아닙니다. 외골수처럼 돈만 따라가다 보면 나의 마음을 돌아보고 정말로 내가 잘 살고 있는지 성찰하는 시간이 부족하고, 남에게 베푸는 마음도 희미해질 겁니다. 돈 외의 것들엔 감수성이 약해지죠. 하지만 이렇게 극단적으로 돈만 좇는 경우가 아니라면, 균형 있는 삶을 살아가는 과정의 일부로서 돈 버는 활동은 분명 핵심적인 역할을 합니다.

꿈은 오직 나만의 것이 아니다

인류 역사에서 꽤 오랫동안 인간은 꿈을 꾸지 않고 살았습니다. 태어났을 때 처한 조건에서 벗어나는 경우가 거의 없었으니까요. 숲속에서 생활하는 부족에서 태어났다면 숲에서 평생 살다가 삶을 마감하는 게 당연한 운명이었습니다. 그 상황에서 꿈과 현실은 서로 구별되지 않았습니다. 그 시대 사람들도 미래에 대한 욕망과 목표가 있었을 테지만, 그건 대체로 오늘과 크게 다르지 않은 내일에 관한 것이었을 겁니다.

그러다가 문명이 발전하고 사회가 복잡해지면서 인생

에 큰 변화라는 게 가능해졌고, 비로소 오늘날 우리가 말하는 꿈이라는 게 생겨났습니다. '지금은 이렇지만 미래는 다를 수 있으며, 나는 그 변화를 향해 나아갈 수 있다'는 관념이 생겨난 거죠. 대양을 건너 신대륙에 가거나 신기한 기계를 발명하는 것처럼요.

이러한 관점에서 보면 꿈은 애초에 사회적 현상입니다. 삶의 변화를 가능케 하는 사회적 조건이 갖춰지지 않으면 개인은 꿈을 꿀 수 없습니다. 즉 꿈을 꾼다는 건 나를 둘러싼 사회 전체와 함께하는 일입니다.

이러한 꿈과 사회적 조건 사이의 긴밀한 연결 관계를 파악하지 못하면 그때부터 꿈은 골칫덩어리가 됩니다. 꿈이 온전히 나에게 속한 것이고, 누가 뭐래도 나는 '내 꿈'을 이루고 싶은 거라고 생각하면 꿈은 일그러진 환상이 되고 맙니다.

성공한 음악가가 되고 싶다, 진리를 밝히는 학자가 되고 싶다 같은 꿈은 사회적 인프라 속에서 생겨난 것입니다. 음악을 들어주는 사람이 없으면 성공한 음악가는 있을 수 없고, 연구 활동을 지원하는 교육 시스템이 없다면 진리를 밝히는 학자는 존재할 수 없습니다. 이를 의식하지 못하면 사회적 삶과 꿈을 좇는 삶이 대립하게 됩니다. 다른 사람과 도움을 주고받는 것과 내 꿈을 이루는 것은 본질적으로 별개라고 생각하거나, 내 꿈을 이뤄나가는 데 사회적 조건이 장애물이라고 느낍니다. 이는 모두 잘못된 판단입니다. 타인의 집합으로 이루어진 사회가 없다면 꿈을 꿀 수 없을뿐더러 꿈을 실현하는 건 더더욱 불가능합니다.

꿈과 돈을 대립시키는 것도 잘못된 판단입니다. 자본주의 사회에서 돈은 가장 기초적인 사회적 매개물입니다. 돈은 단순한 숫자가 아니며 물건값을 치르기 위한 수단만도 아닙니다. 문명사회는 사람 사이의 상호작용이 있어야 존립할 수 있습니다. 자본주의 체제에서는 사람 사이의 각종 교환 활동이 다름 아닌 돈을 통해 이루어집니다. 물건이나 서비스를 주고받는 것, 생각을 공유하는 것, 지식을 교환하는 것, 사랑을 나누는 것 모두 돈을 매개로 이루어집니다.

사람들끼리 마음을 주고받는 일에도 돈이 필요합니다. 선물을 사는 데만 돈이 드는 게 아닙니다. 함께 밥을 먹고, 한 공간에서 시간을 보내는 모든 활동에 직간접적으로 돈이 들고, 심지어는 함께 동네 숲길을 걷는 등 순수한 활동에조차 돈이 필요합니다. 숲 주변에 살기 위한 주거비용과 숲까지 이동하기 위한 비용이 들 테니까요.

우리는 이렇게 돈이 필수인 세계에서 꿈을 꿉니다. 이런 상황에서 돈과 꿈을 별개로 생각하는 건 현명한 일이 아닙니다. 내가 꿈꿀 수 있는 사회적 인프라가 돈을 통해 굴러가고 있습니다. 내가 무슨 꿈을 꾸든 그 꿈은 결코 돈과 무관하지 않지요.

이렇게 말하면 꿈을 이루기 위해 돈이 많아야 한다고 오해할 수 있는데, 필요한 건 돈이 아니라 돈의 흐름입니다. 예컨대 아이들을 위한 양질의 교육을 제공하는 학교를 세우는 게 꿈이라고 합시다. 학교를 짓는 데는 돈이 정말 많이 필요합니다. 하지만 그게 꼭 내 돈일 필요는 없죠. 다른 사람의 돈을 융통할 능력이 있으면 됩니다. 어쨌든 우리는 돈 문제에 최소한의 관심은 가져야 합니다.

전통적으로 철학에서는 사회적 활동을 지적 활동만큼이나 인간으로서 할 수 있는 가장 수준 높은 활동으로 여겼습니다. 그런데 지금은 타인과 적극적으로 상호작용하며 사회적 활동을 하는 데 돈이 필요합니다. 현 시대에서 돈은 인간의 삶을 풍요롭게 만드는 중요한 요소입니다.

모든 사람은 자신을 기만한다

사르트르는 모든 인간은 자기를 어떻게든 속이며 살아간다고 생각했습니다. 자기 자신에 대해 모르는 체하는 일이 있다는 거죠. 마음 깊은 곳엔 동네를 떠나고 싶다는 욕구가 있는데도 의식적으로는 '나는 여기 계속 살고 싶어. 장점이 정말 많은 동네인걸!' 하고 생각하며 현재에 머무는 경우가 그렇습니다. 또는 누군가를 마음 깊이 사랑하면서도 '나는 저 사람을 사랑하지 않아!'라고 의식적으로 생각하는 경우도 마찬가지죠.

우리는 누구나 어느 정도 자기기만을 저지르며 살아갑니다. 자기기만의 대표적인 형태는 어떤 일의 원인이 자연에 있다고 생각하는 겁니다. 상황이 필연적으로 주어져서, 우리의 모든 행동과 노력은 헛수고라고 믿는 거죠.

저는 요즘 한국의 서울 집중화 현상이 언급될 때 이런 태도를 자주 목격합니다. '한국은 평지가 적어서 지방 도시가 발전하기 어렵다. 한국은 자원이 없어서 사람들이 서울에 모여서 일해야 효율적이다. 세계적 도시들과 경쟁하려면 서울에 사람이 많아야 한다'와 같은 논리를 펼치며 서울에 인구가 집중되는 건 '어쩔 수 없는 일'이라고 주장합니다. 하지만 인간 사회에 어쩔 수 없는 일 같은 건 없습니다.

물론 자연 세계에는 '어쩔 수 없는 일'이 있죠. 시간은 되돌릴 수 없고, 온도는 절대온도 이하로 떨어질 수 없듯이요. 하지만 인간 사회는 다릅니다. 서울 집중화가 큰 문제라면 해결하기 위해 우리가 뛰어들 수 있습니다. 완벽하게 해결할 순 없더라도, 노력해서 많은 걸 바꿀 수는 있겠죠. 그런데 자기기만에 잠식된 사람은 그런 노력이 소용없는 짓이라고, 어쩔 수 없는 일이었다며 일찌감치 결론을 내버립니다.

믿을 만한 증거인가?

사르트르는 '설득력 없는 증거'를 확실한 증거로 채택하는 것을 자기기만의 특징으로 보았습니다. 잘 살펴보면 분명 허점이 있는데도 '완전히 믿을 만한 증거'로 채택하고 결론을 내려버리는 거죠. 그래서 남들이 보면 '저 사람은 어떻게 저렇게나 허술한 논리를 믿지?'라는 생각이 듭니다. 대표적으로 사이비 종교에 심취한 신자들이 그렇죠. 교주가 신이라는 증거는 어디에도 없는데, 신자들은 엉터리 증거가 확실하다고 생각합니다. 그래서 적극적으로 추궁하지 않고 자신의 믿음을 영속화하죠.

꿈에 관한 고민에서도 자기기만을 겪는 사람이 많습니다. 일단 내가 뭔가를 원한다고 생각한 후, 더는 의심하지 않고 그 길을 좇는 거죠. 마음 깊은 곳에서는 정말로 원하는 게 무엇인지 몰라 헤매면서도, 의식적으로는 지금 꾸는 꿈이 절대적 가치를 갖는다고 믿는 겁니다. 그 과정에서 설득력 없는 증거를 확실한 증거로 채택하곤 하죠. 어떤 일을 떠올릴 때 가슴이 두근거리는 걸 '천직을 찾았다는 증거'로 받아들이거나, 주변 사람들의 칭찬을 '이 일에 재능이 있다는 증거'로 해석합니다. 물론 성공하려면 이런 맹목적 믿음이 필요할 때도 있습니다. 끝없이 의심하고 재기만 해서는 어떤 일에 도전할 용기를 낼 수 없으니까요. 하지만 자기기만이 계속되다 보면 자기만의 환상 속에서 살게 됩니다.

여기 음악이 좋아서 작곡가가 되기로 한 사람이 있습니다. 그는 '음악만 있으면 살 수 있다'는 생각으로 작곡을 시작했습니다. 그 생각은 자기를 속이는 일종의 자기기만이었지만, 종일 음악을 연구하는 일에 열정을 쏟는 동기가 되어주었습니다. 이처럼 처음 어떤 일에 도전할 때 자기기만의 도움을 받기도 합니다.

여기까지는 좋습니다. 하지만 현실을 깨닫는 과정이 수반되지 않으면 작곡가로 있을 수 없습니다. 음악만 가지고 살 수 있는 사람은 없으니까요. 생활하려면 돈이 필요합니다. 내 음악을 들어줄 청중도 필요하죠. 내가 만든 음악을 나 혼자 들으며 만족하는 것만으론 생계를 꾸릴 수 없습니다. 그렇다면 그건 직업이 될 수 없겠지요. 게다가 인간 대부분은 타인과의 연결과 인정을 필요로 합니다.

결국엔 자기기만의 껍질을 벗어던지고 현실을 직시할 수 있어야 합니다. 그래야만 균형 잡힌 삶을 살며 꿈을 이뤄나갈 수 있습니다. 돈이냐 꿈이냐가 문제가 아닙니다. 돈과 꿈에 관하여 내가 나를 속이고 있는지부터 의심해보아야 합니다.

" 새로움은

빈틈에서 나온다."

창의성이 중요한 시대,
이를 어떻게 발휘할 수 있을까?

창의성은 기존에 없던 것을 만들어내는 능력입니다. 사전에는 "새로운 것을 생각해내는 특성"이라 적혀 있죠. 영어 단어 'creativity'는 "상상력이나 고유의 생각을 활용하는 것. 특히 예술 작품의 창작에서"라고 정의되어 있습니다.

레오나르도 다빈치[Leonardo da Vinci]나 스티브 잡스[Steve Jobs] 같은 인물이 창의성의 대명사로 여겨집니다. 다빈치는 빼어난 예술 작품을 창작했을 뿐 아니라, 인체 구조를 연구하고, 비행기나 헬리콥터 같은 기계를 설계하기도 했습니다. 잡스는 핸드폰과 컴퓨터를 합쳐 스마트폰을 만들고, 깔끔한 디자인까지 입혔죠.

그런데 창의성이 꼭 이렇게 거창한 것만은 아닙니다. 일상의 작은 순간에서도 얼마든지 발휘될 수 있습니다. 가구를 배치하거나 옷을 정리할 때 새로운 공간의 용도를 창조하거나 효율적인 수납법을 고안할 수 있지요. 이런 작은 변화만으로도 일상의 환경은 훨씬 쾌적해지고 일의 능률은 올라갑니다.

창의성의 핵심은 얼마나 대단한 걸 생각해내느냐가 아니라, 하던 대로 하지 않는 것에 있습니다. 크든 작든 상관없습니다. 특정 상황에서 당연하게 받아들이던 생각이나 행동 방식을 의심하고, 조금 다른 각도에서 접근하는 자세가 중요합니다. 그게 얼마나 '대단한 결과'로 이어지는지는 개인이 결정할 수 있는 문제가 아닙니다. 오히려 사회 구조에 의해 결정되는 부분이 훨씬 크죠.

예를 들어 거리를 효율적으로 청소하는 자신만의 루틴을 만들어낸 공무원과 새로운 주식거래 알고리즘을 개발해 큰 수익을 올린 개발자가 있다고 합시다. 대부분은 후자를 더 대단하게 평가할 겁니다. 하지만 이런 사회적 평가가 창의성을 전적으로 판가름하는 척도는 아닙니다. 사회적 상황이 달라지면 창의성에 대한 사람들의 평가 역시 달라질 테니까요.

그런데 지금 사회가 좋게 평가하는 것을 얻으려 애쓰는 건 창의성과 좀 거리가 있지 않나요? 한 학원 강사가 학생을 의대에 보내는 새로운 커리큘럼을 개발했다고 가정해봅시다. 새로운 걸 만든 건 분명 창의적인 일입니다. 하지만 학생을 의대에 보내는 데만 열중해, '모두가 의대에 가려는 현실'에 대해 새로운 각도로 조금도 생각하지 않았다면, 얘기가 달라집니다. 전체적으로 봤을 때는 창의성의 핵심이 빠진 셈이니까요. 이런 일이 지금 우리 사회에서 많이 일어나고 있습니다.

새로움과 무의 관계

새로움은 빈틈에서 나옵니다. 세상이 흘러가는 과정을 블록 쌓기에 비유해보죠. 방 안에 블록이 가득해서 빈 공간이 없다면 블록을 새롭게 배열하는 건 불가능합니다. 이미 블록끼리 다닥다닥 붙어 있어서 조금도 움직일 수 없을 테니까요. 하지만 우리가 살아가는 세상은 이렇지 않지요. 곳곳에 빈틈이 있습니다. 그래서 그 여유 공간을 통해 블록을 움직이고, 새로운 시도를 얼마든지 해볼 수 있습니다.

사르트르는 이러한 빈틈을 인식하는 것이 중요하다고 강조했습니다. 그의 표현을 빌리자면, "무無"에 주목하는 겁니다. 그는 인간은 무를 만들어내는 존재라고 생각했습니다. 인간이 없으면 무는 결코 존재하지 않습니다. 그는 다음과 같이 말합니다.

"지각변동, 폭풍은 아무것도 파괴하지 않는다. (중략) 그저 사물들의 배열을 바꿀 뿐이다."

파괴한다는 건 무언가를 없앤다는 겁니다. 즉, 무를 만들어내는 거죠. 그런데 자연 현상에는 무언가가 없어진다는 현상이 존재하지 않습니다. 이게 도대체 무슨 소리일까요?

예를 들어 지진이 나서 땅이 갈라지고 그만큼의 빈틈이 생겨났다면, 우리는 그 갈라진 틈만큼 '땅이 없어졌다'고 생각합니다. 하지만 엄밀히 말하자면 그렇지 않습니다. 땅은 그저 '갈라졌을' 뿐입니다. 일부 지반이 잘게 부서져 돌이 되어 절벽 밑으로 떨어졌겠지만, 그것은 소멸이 아니라 이동입니다. 땅은 이동했고, 배열이 달라졌을 뿐이죠. 땅을 이루던 것들은 여전히 자연의 일부입니다. 완전히 없어진 것은 아무것도 없습니다.

그렇다면 '땅이 없어졌다'는 우리 생각은 착각에 불과한 걸까요? 그렇지 않습니다. 지진으로 땅은 없어졌습니다. 자연의 땅이 아닌 '우리 세계'에 존재하던 땅 말입니다. 우리는 그 땅에 대해서 알고 있었습니다. 그 땅에서 살거나, 길로 이용했지요. 즉 우리가 땅이 없어졌다고 생각하는 건 '우리가 알던 땅', '우리가 이용하던 땅'이 사라졌기 때문입니다. 우리가 그 땅과 어떤 관계도 맺지 않았다면 이 사라짐의 현상, 즉 무의 현상은 존재하지 않을 겁니다. 땅이 사라진다는 게 무엇인지, 그게 어떤 의미를 갖는지 이해할 수 있는 우리가 있기에 땅은 비로소 없어질 수 있습니다.

예시를 하나 더 들어보죠. 카페에 앉아 누군가를 기다리고 있다고 해봅시다. 이때 카페 공간 자체에는 무가 존재하지 않습니다. 카페는 커피잔, 테이블, 바리스타 등 존재로 가득 차 있습니다. 그 존재의 세계에는 아무런 빈틈도 없습니다. 하지만 '약속 상대가 아직 여기에 없다'는 사실이 카페 안에 무를 펼쳐냅니다. 객관적 세계 속엔 없던 무가 우리 세계에는 존재하게 됩니다. 무는 '내가' 발견할 때 비로소 존재합니다.

이제 새로움에 대해 생각해볼까요. 새로움은 무에 의존합니다. 우리가 새로운 걸 생각해낼 때는 무언가가 '아직 없다', '사라졌다', '비어 있다' 같은 현상을 마주할 때입니다. 우리는 그 무를 채워가며 새로움을 만들어냅니다. 빈틈은 자유의 공간이자 규정되지 않은 공간이기에 변화 가능성이 생겨납니다.

창의성을 발휘하는 사람들은 이 자유의 공간을 감지해내는 데 능합니다. 세계 속에서 각종 빈틈을 찾아내는 거죠. 능력 있는 과학자는 세상에 아직 설명되지 않는 구멍이 있다고 생각하기에 열심히 답을 찾아 그 틈을 메우려 합니다. 훌륭한 예술가는 마땅히 존재해야 하지만 아직 적당한 구현 수단을 만나지 못해 존재하지 않는 형태가 있다고 느끼기에 이를 표현하려 하죠. 이들은 무를 의식하고, 그것을 자기 나름의 방식으로 채우거나 활용하며 세계를 변화시켜나갑니다.

빈틈에 주목하기

창의력을 발휘하는 데 어려움을 겪는 건 '무'가 아닌 '유有' 위주로 대상을 살피기 때문입니다. 이미 꽉 들어차 있는 것에만 주목하고, 어디에 빈틈이 있는지는 보려 하지 않는 거죠.

제가 대학원생일 때 이런 이들을 많이 보았습니다. 기존의 연구 결과를 많이 조사하면 좋은 결과물이 만들어질 거라고 여기는 학생이 많았죠. 하지만 이들의 보고서는 이미 있는 정보를 나열하는 것에 불과했고, 이를 검토한 교수님들은 "그래서 자네 생각은 무엇이라는 건가?"라고 물었습니다.

이런 평가를 들은 이유는 보고서에 새로운 게 전혀 담겨 있지 않았기 때문입니다. 물론 자신의 고유한 시각에서 정리한다면 기존 정보를 요약한 것이라도 나름대로 새로운 생각거리를 던지는 가치 있는 글이 됩니다. 하지만 이미 존재하는 걸 단순히 나열하는 것으론 새로움이 만들어지지 않습니다.

우리는 '유'보다 '무'에 주목하는 능력을 길러야 합니다. 어딘가에는 분명 빈틈이 있고, 나는 그 공간을 활용해 변화를 만들 수 있다는 의식을 가져야 하지요. 예컨대 공부를 하는 학생이라면 기존 지식 시스템은 완벽하지 않으며 그 속의 빈틈을 이용해 새로운 변화를 만들어낼 수 있다고 생각해야 합니다. 혹은 학교에서 배운 지식을 바탕으로 사회의 빈틈을 다룰 수 있다는 의식을 가져야 하죠. 남들에게 뒤지지 않는 영어 점수, 자격증, 학점, 자기소개서 등등 '해야 할 것들', 즉 '유'만 따라가서는 혁신적인 걸 만들 수 없습니다. '그것들이 아닌 것', '없는 것', '비어 있는 것', 즉 '무'를 생각해야 합니다.

창의성이 성공을 가져다준다는 환상

창의성을 성공의 수단인 것처럼 이야기하는 경우가 많습니다. 스티브 잡스 같은 성공 사례를 말하면서, 그 사람의 성공 비결이 창의성에 있다고 말하는 거죠. 하지만 이는 사실과 거리가 멉니다. 스티브 잡스가 성공할 수 있었던 건 시장의 요구에 맞게 적절한 창의성과 경영 능력을 발휘했기 때문입니다.

창의성이 그의 성공의 일부 요인인 건 맞지만, '창의성 덕분에 성공했다'고 말하는 건 적절하지 않습니다. 사회의 어느 영역이든, 창의성이 성공의 핵심이 되는 분야는 거의 없습니다. 창의성은 그 자체로 자유와 연결되기 때문에 유의미한 것이지, 성공을 가져다주는 요소가 아닙니다. 이를 명확하게 인지해야 창의성과 결부된 과도한 환상에서 벗어날 수 있습니다.

저는 유튜브 채널을 꾸리고 책을 쓰며 콘텐츠를 생산합니다. '창의성이 필요한 분야'라는 이야기를 종종 듣는데, 완전히 틀린 말은 아니지만, 일반적으로 유튜버나 작가로 사는 데 창의성은 그리 큰 역할을 하지는 않습니다.

유튜브에서는 사람들이 최대한 많이 클릭할 법한 영상을 만들어야 합니다. 그건 곧 대중의 평균 입맛에 맞는 콘텐츠를 만들어야 한다는 걸 뜻합니다. 이를 위해 필요한 건 창의성보다는 자료 조사와 짜깁기 능력 그리고 성실성입니다. 인기 있는 영상의 요소들을 따르되 자신의 색깔을 입히고 꾸준히 작업하는 것. 이것이 성공한 유튜버들의 비결입니다.

작가로서의 성공도 마찬가지입니다. 물론 엄청나게

창의적인 작품이어서 베스트셀러가 되는 경우도 있지만, 베스트셀러 대부분은 독창적이라기보단 현재 시장 흐름에 잘 맞는 책입니다.

따라서 창의성을 추구하면서도 시스템과 어느 정도 타협해야 합니다. 시스템의 규칙에 전반적으로 따르면서 제한적으로 창의성을 추구해야 한다는 거죠. 타협이 나쁜 건 아닙니다. 적당히 타협해서 주변 세계의 요구와 나의 욕망 사이에 균형을 잡는 것 역시 새로움을 향한 길이라고 볼 수 있습니다. 즉, 이전까지 존재하지 않던 삶의 평형 상태를 찾아가는 거죠.

그런데 타협하기가 죽도록 싫다면 어떻게 해야 할까요? 그럴 땐 창의성을 최대한으로 펼치되 사회적 성공에 대한 기대는 깔끔히 버릴 수 있어야 합니다. 혹은 아예 시스템 전체를 뒤집는 혁명을 일으켜야 하죠. 후자를 선택한다면, 그 과정에서 주류 세력에게 미움 받고, 기존 체제를 바꾸는 고생을 해야만 합니다. 실패하면 낙오자가 되는 것도 각오해야 하고요. 이 모든 가능성을 염두에 두고서라도 혁명의 길을 선택하는 건 본인의 각오에 달린 문제입니다.

성공의 환상을 좇는 게 아니라 실패를 겸허히 받아들일 수 있는 담대함과 열정으로 도전하는 거라면, 그건 인간이 할 수 있는 가장 위대한 도전이 될 겁니다.

"인간에게는 주체가
되고 싶은 욕망과
'자신을 사물로 만들고자
하는 유혹'이 공존한다."

셀프 브랜딩은 득일까 실일까?

바야흐로 마케팅의 시대입니다. 세상에 팔려고 내놓지 않는 게 없습니다. 물건, 회사, 커뮤니티, 아이디어까지 모두 거래 대상이죠. 나아가 자기 자신도 사고파는 대상으로 인식하기 시작했습니다. 직장인들은 더 좋은 대우를 받기 위해 자신의 가치를 높이고 증명하려고 합니다. 자영업자나 프리랜서도 그 어느 때보다 마케팅에 집중합니다. 또한 마케팅 방식도 계속 바뀝니다. 그때그때 가장 대중적인 SNS를 활용하고, 각 플랫폼에 맞는 마케팅 환경에 적응해야만 도태되지 않기 때문입니다.

이제는 퍼스널 브랜딩이나 셀프 브랜딩이라는 말까지 생겨났습니다. 자신을 그냥 놔두지 말고 하나의 브랜드로 포장해서 남들에게 전달해야 한다는 거죠. 특히 SNS 셀프 브랜딩에 대한 열망이 뜨겁습니다. 자신이 나타내고 싶은 이미지를 정하고, 그와 관련된 콘텐츠를 꾸준히 올려 고유의 브랜드 감성을 전달해야 한다는 것입니다.

브랜드는 군이 말로 설명하지 않아도 직관적으로 가치가 전달된다는 특징이 있습니다. 대부분 샤넬 로고만 보고도 브랜드 특유의 가치를 인식하듯이 말입니다. 같은 의미로 사람에게 브랜드 개념이 적용되고 있습니다. 광고 모델로 기용한 연예인의 이미지로 해당 상품의 가치가 전달되는 것이죠.

요즘은 모든 플랫폼에 짧고 자극적인 시각 콘텐츠가 넘쳐납니다. 긴 호흡으로 정보를 전달하는 건 아무래도 불리합니다. 이는 셀프 브랜딩이 화두가 된 배경이기도 합니다. 내 브랜드 이미지를 잘 구축해놓기만 하면, 긴 설명 없이 신뢰를 줄 수 있으니까요. 하지만 셀프 브랜딩 열풍은 한편으로는 피로감을 줍니다. 안 그래도 바쁜 일상에 자신을 브랜딩까지 해야 한다니, 여간 귀찮은 일이 아니죠. 나를 드러내기 꺼리는 사람은 자신을 포장해서 보여주는 행위에 거부감을 느끼기도 합니다. 쏟아지는 셀프 브랜딩 콘텐츠를 보고 있으면, 나까지 보태야 하나 싶기도 합니다.

SNS는 내가 이용할 수 있는 대상이다

SNS만큼 자기계발 코치들의 의견이 갈리는 대상도 없습니다. 어떤 코치는 SNS를 적극적으로 활용하길 권하고, 어떤 이는 SNS는 만악의 근원이니 손도 대지 말라고 이야기합니다. 확실히 SNS는 장단점이 뚜렷합니다. 중독이나 집착 문제가 있지만, 잘만 사용하면 자신을 알리는 데 큰 도움이 됩니다. 직관적으로 내 이미지를 전달할 수 있기에 독특한 명함이나 출중한 자기소개서보다 효과적일 때가 많죠.

그렇다면 우리가 해야 할 일은 SNS를 '잘' 사용하는 겁니다. 물론 모든 사람이 SNS를 이용할 필요는 없습니다. 하지 않아도 아무 지장은 없습니다. 하지만 SNS가 무조건 해롭다는 선입견 때문에, 혹은 지레 겁을 먹고 외면하는 거라면 이는 현명한 선택이라고 보기 어렵습니다.

부작용은 피하되 이득이 되는 방향으로 활용한다면 SNS는 좋은 무기가 됩니다. 결국 어떤 마음가짐을 갖느냐가 중요합니다.

우리는 SNS를 철저히 이용 대상으로 바라보아야 합니다. 앞에서 살펴본 보부아르식으로 표현하자면 SNS 세계에서 내가 타자가 되기보다는 주체적으로 SNS 생태계를 타자화하자고 마음먹어야 합니다. SNS가 나를 사물처럼 대하도록 두어선 안 됩니다. 주체는 나이며, 어디까지나 '내가' SNS를 객체로 이용하는 거라는 의식을 명확히 해야 하죠. 지금 우리는 SNS에 너무도 수동적입니다. 남이 만든 자극적인 콘텐츠를 일방적으로 받아들이고 있죠. 이는 SNS를 건강하게 활용하지 못하는 것입니다.

SNS는 본질적으로 사용자 참여적입니다. 누구나 자율적으로 콘텐츠를 제작하고, 올리고, 볼 수 있는 공간이죠. 그 안에서 남이 만든 콘텐츠만 소비하느냐, 나 또한 공급자가 되느냐는 우리가 선택할 수 있습니다.

그런데 이런 선택권이 자신에게 있다는 사실을 충분히 자각하지 못하는 이용자가 많습니다. 매일 SNS에 엄청난 시간을 쏟으면서도 그 시간을 좀 더 주체적으로 활용해보자는 생각은 못 하는 겁니다. SNS 콘텐츠를 보는 것만으로 만족스럽다면 문제될 게 없지만, 매일 많은 시간을 여기에 쏟는 게 어딘가 불만족스러운데도 그동안 길들여진 생활습관 때문에 계속 일방적인 소비자로 남아 있는 거라면, 자신의 능동적인 주체성을 충분히 펼쳐내지 못하는 거라고 볼 수 있습니다.

사물로 살고 싶은 유혹

저는 대학교 4학년 때 유튜브 채널 〈충코의 철학〉을 개설했습니다. 당시 공부 중인 철학 이야기를 공유하겠다는 취지였죠. 처음에는 별 반응이 없었고, 조회수 100회를 넘기기도 힘들었습니다. 그럼에도 꾸준히 영상을 올렸습니다. 그러다 보니 서서히 그리고 꾸준히 구독자가 늘어났습니다. 구독자 천 명이 모이는 데 1년, 만 명이 모이는 데 2년 정도 걸렸죠.

제가 유튜브를 시작한 건 '나도 콘텐츠 공급자가 될 수 있겠다'는 생각 때문이었습니다. 처음부터 전업 유튜버가 되려던 건 아니었고, 오만하게 들릴 수도 있지만, 철학을 배우며 정보 전달력이 좋은 교수님을 많이 만나지 못했던 터라 '내가 교수님들보다 아는 건 적지만 전달만큼은 잘할 수 있겠다'는 생각이 든 것입니다. 채널이 얼마나 성장했느냐도 중요하지만 그것은 부수적인 문제입니다. 그보다 중요한 건 SNS에서 내가 공급자 역할을 할 수 있을 만한 포인트를 찾고, 거기에 시간을 쏟았다는 겁니다. 즉 객체와 주체 중 주체가 되었다는 것이죠.

인간이 독립과 자유만을 원한다고 생각한다면 큰 착각입니다. 인간은 어떤 대상에 의존하고 싶어 하는 마음도 늘 동시에 품습니다. 보부아르는 이 점을 포착해, 인간에게는 주체가 되고 싶은 욕망과 "자신을 사물로 만들고자 하는 유혹"이 공존한다고 주장했습니다.

주체로 살아가는 건 매우 피곤한 일입니다. 특히 실존주의에서 말하는 자기결정권을 명확히 인식하고 자유롭게 살아가는 주체가 되는 건 정신적 에너지가 아주 많이 드는 일이죠. 주체성을 어느 정도 포기하고 남이 부여한 규율에 따라 체계의 부속품처럼 살아가는 게 더 마음 편한 길일 수 있습니다. 결정의 부담과 책임을 떠안지 않고, 주어진 길을 따라가기만 하면 되니까요.

사물처럼 살고 싶은 욕망이 꼭 나쁜 건 아닙니다. 보부아르는 이런 마음은 누구나 자연스럽게 가질 수 있다고 강조합니다. 하지만 그 마음이 너무 커져서 주체가 되고자 하는 욕망을 억압하기 시작하면 문제가 되지요.

보부아르는 일반적 타자와 절대적 타자를 구별합니다. 일반적 타자는 다른 사람이 보기엔 객체지만 자기 자신에게만큼은 주체인 존재입니다. 직원은 회사 대표에게는 회사 운영에 필요한 수단이지만, 직원 입장에선 분명한 주체입니다. 반면, 절대적 타자는 주체성을 너무 많이 상실한 나머지 자기 스스로에게마저 타자인 존재입니다. 보부아르는 과거 백인 사회에서 흑인 노예가 그랬다고 언급했습니다. 주인이 자신을 물건처럼 대하는 상황에 너무나 오랫동안 익숙해진 나머지, 자신에게도 주인과 똑같은 주체성이 있다는 감각을 잃어버린 거죠.

저는 요즘 SNS에서도 이와 비슷한 일이 벌어지고 있다고 생각합니다. SNS는 사물처럼 살고 싶은 욕망을 극대화시켜 사람들이 계속 충실한 소비자, 광고 시청자로 남아 시스템에 봉사하는 부품이 되도록 만듭니다. 사실

SNS는 과거 대중매체에 비해 훨씬 더 참여적인 매체입니다. TV나 라디오 같은 대중매체에서는 일방적으로 정보가 전달됐다면, SNS에서는 모두가 잠재적인 콘텐츠 생산자이죠. 하지만 이런 면모와 별개로 SNS는 압도적인 정보량을 바탕으로 우리의 수동성을 강화합니다. 새로운 콘텐츠가 실시간으로 무한히 공급되다 보니, 거기에 압도되어 계속 일방적으로 콘텐츠를 시청하기만 하게 되는 거죠.

그럴수록 우리는 SNS가 사물이고 내가 주체라는 사실을 계속 상기해야 합니다. 자신을 절대적 타자로 대하지 않기 위해 지속적으로 경계심을 가져야 합니다.

브랜딩에 잡아먹히지 않기

셀프 브랜딩은 근본적으로 나를 물건처럼 대하는 활동입니다. 남에게 어떻게 보일지, 어떻게 내 가치를 더 높이고 나를 더 잘 '팔지' 전략을 짜고 실행하는 게 브랜딩이니까요. 그렇다면, 셀프 브랜딩을 열심히 하는 것이 나를 더 사물 같은 상태로 만들어버리지는 않을까요?

꼭 그렇지는 않습니다. 내가 나를 물건처럼 대하더라

도, 그 활동을 주체적 의식을 갖고 한다면 나는 '순전히 사물일 뿐인' 대상이 되지는 않습니다. 이 미묘한 차이를 잘 자각해야 합니다. 만약 남들이 하니까 혹은 시스템에 떠밀려서 셀프 브랜딩에 집착한다면 그건 사물 같은 상태에 빠지는 겁니다. 외부의 힘에 의해 어쩔 수 없이 움직이는 게 사물의 특징이니까요.

반면 내가 스스로의 숙고를 통해 셀프 브랜딩에 힘쓰기로 결정한다면, 그건 오히려 기존의 사물 같은 상태를 넘어서는 것이 됩니다. 스스로 만족하지 못하는 수동적 상태에서 벗어나, 상황을 바꾸기 위해 미지의 미래로 뛰어드는 거니까요. SNS는 그저 그 길에서 내가 이용하는 수단일 뿐이지요.

브랜딩을 하느냐 안 하느냐는 중요한 문제가 아닙니다. 중요한 건 셀프 브랜딩을 대하는 자세입니다. 브랜딩에 잡아먹히지 않으면서 나 스스로 브랜딩에 뛰어들 수 있을 때, 그 수단으로 SNS를 사용할 때 우리는 주체적 이용자가 될 수 있습니다.

"인간의 시각 경험은
  항상 대상과 배경 사이의
  유기적 관계를 통해
  이루어진다."

여행에서 인생 경험을 할 수 있을까?

　　여행은 현대인에게 최대의 오락이자 지친 삶을 달래는 주요 안식처입니다. 여행에 관심을 가지는 사람이 갈수록 많아지고 있습니다. 온라인 세계가 발전하고 정보 교류가 활발해지면서 역설적으로 오프라인 경험에 대한 열망이 커졌습니다. 해외 사진이나 영상을 접하기 쉬워졌기 때문에, 그곳에 직접 가보고 싶은 욕망이 자라난 것이죠.

　　여행은 분명 신나는 경험입니다. 반복되는 일상에서 벗어나 새로운 문화와 아름다운 풍경을 접하는 건 즐거운 일입니다. 마음에 활력이 돌고, 일상에 에너지가 더해집니다. 원한다면 맑은 공기 속에서 휴식을 취할 수도 있고, 평상시 느끼지 못한 스릴을 만끽할 수도 있습니다. 또한 배움의 계기가 되기도 합니다. 내가 아는 세계, 익숙한 생활방식이 전부가 아니라는 걸 알게 되니까요. 세계에는 아주 다양한 사람, 음식, 건축 양식, 자연환경이 있다는 걸 배우면서 정신의 저변을 넓힐 수 있습니다.

하지만 여행이 '그 자체로' 다 의미가 있는 건 아닙니다. 여행에서 뭔가 얻으려면 단순히 어딘가에 가기만 해서는 안 되죠. 정신의 적극적인 활동이 반드시 따라야 합니다.

저는 초등학교 5학년 때 중국으로 여행을 갔습니다. 저의 첫 해외여행이었죠. 아름다운 곳을 많이 방문했고, 대도시의 모습에 놀라기도 했습니다. 하지만 어른들과 단체버스를 타고 이동했기 때문에 제가 중심이 되어 사건을 만들어나가지는 못했습니다. 너무 미성숙한 나이여서 본 것을 풍부하게 해석할 수도 없었고요. 주체적인 의미 부여가 완전히 결여된 여행이었죠. 그렇다고 무의미했던 건 아니지만, 지금 똑같은 시간과 돈을 쓴다면 훨씬 더 좋은 경험을 할 수 있지 않을까 합니다.

물론 나이는 문제가 아닙니다. 어른 중에도 끌려 다니듯 여행하는 사람이 많습니다. 남들이 여행 간다는 말에 압박을 느껴 티켓을 끊거나, 친구가 가자고 하니 따라 나서거나, SNS용 사진을 찍는 데 혈안이 되어 정작 여행엔 집중하지 못하는 경우가 대표적이죠. 이런 경우 역시 여행에 의미를 부여하는 정신적 활동은 미미합니다. 그 결과 더 좋은 경험이 될 수 있던 기회가 '그냥 괜찮은 경험' 정도로 끝납니다. 이는 훌륭한 영화를 컴퓨터 모니터 하단에 자그맣게 띄워놓고 다른 일을 하면서 보는 것과 비슷합니다. 부산한 정신으로 흘낏 봐서는 의미를 얻을 수 없습니다. 주의를 기울여서 보고 해석할 때 비로소 풍부한 의미가 생겨나지요. 여행도 마찬가지입니다. 적극적인 여행자가 되어 주의력을 발휘할 때 비로소 '인생 경험'을 얻게 됩니다.

부분과 전체의 미묘한 관계

부분과 전체를 유기적으로 이해하는 감각을 키울 수 있다는 건 여행의 장점 중 하나입니다. 조금은 복잡한 이야기인데, 실존주의 맥락에서는 아주 중요한 주제입니다. 많은 실존주의자가 부분과 전체의 유기적 관계를 통찰하는 데 관심이 많았습니다. 우리는 대상을 파편적으로 이해하는 데 익숙하죠. 하나의 대상이 있으면 그 대상을 다른 대상과 구별 지어 파악합니다. 예를 들어, 카페에서 옆 테이블에 앉은 사람을 볼 때, 우리는 그 사람이 나와 상관없는 '다른 사람'이라고 이해합니다. 또한 한국은 일본이나 중국과 구별되는 '독립적인 국가'라고 생각합니다.

이는 모두 타당한 시각인데, 관점을 달리해서 대상을 바라볼 수도 있습니다. 전체와 부분의 관계를 고려하는 겁니다. 카페 안의 다른 사람은 단순히 나와 따로 존재하는 게 아니라, 나와 함께 카페라는 공간 전체를 이루고 있다고 볼 수 있습니다. 또한 한국, 중국, 일본은 동아시아라는 전체를 이루는 각 부분으로 파악할 수도 있지요.

실존주의에서는 내 존재의 고유성이 강조됩니다. 그런데 내 고유성을 정말로 투명하게 이해하려면, 내 존재를 부분과 전체의 관점에서 동시에 바라볼 수 있어야 합니다. 먼저, 나는 단순히 전체의 일부로 환원(무언가 하나를 기준으로 대상 전체를 완전히 설명하려는 행동)되어 설명될 수 없습니다.

예를 들어, 저는 한국 사회의 일부, 남성이라는 범주의 한 부분, 가족의 일원이지만, 이 전체성이 저를 완전히 규정하지는 못합니다. 저는 그 어떤 전체에도 완전히 포괄되지 않는 고유한 삶을 매 순간 만들어냅니다. 하지만 전체성은 분명 제 삶에 근본적인 영향을 끼칩니다. 전체가 없다면 저는 결코 지금의 저로서 존재할 수 없습니다.

이런 의미에서 제 존재는 부분과 전체 사이의 불가분한 관계를 통해 이뤄집니다. 이 양극 중 하나만 주목해서는 결코 존재를 제대로 이해할 수 없습니다.

이와 관련해 메를로퐁티[14]의 사상이 도움이 됩니다. 메를로퐁티는 부분과 전체의 유기적 관계에 특히 주목한 철학자입니다. 그는 사르트르와 친구였으며, 실존주의 사상에 심대한 영향을 끼쳤습니다.

메를로퐁티는 인간의 시각 경험은 대상과 배경 사이의 유기적 관계를 통해 이뤄진다고 보았습니다. 예를 들어, 학교 건물의 3층 창문을 주시할 경우, 우리의 시야에는 주변의 다른 창문들과 외벽 혹은 대문 같은 건물의 다른 요소도 함께 들어옵니다. 다만 그 요소들은 배경으로서 흐릿하게 시야 뒤편에 머물러 있어서 우리 의식에서 부각되지 않을 뿐이죠. 심지어 학교 건물을 넘어 나무나 하늘, 지나가는 사람 등이 한꺼번에 배경에 포함되기도 합니다.

우리가 그 다양한 요소를 의식하지 못할 뿐이지, 배경은 분명 우리의 시야에서 필수적인 역할을 하고 있습니다. 창문은 결코 독자적인 사물로 경험되는 게 아닙니다. 우리가 의식하기 이전에 이미 창문은 '배경 속' 창문으로서 나타납니다. 우리의 순간적인 의식이 배경을 변두리로 밀어내고 '나는 창문을 보고 있다'라는 인위적인 판단을 만들어낼 뿐이죠. 이 의식적 판단이 우리 경험의 진실은 아닙니다.

시각 경험이 아닌 다른 경험에서도 대상과 배경은 불가분의 관계를 맺습니다. 누군가의 손을 잡을 때는 고립된 대상(손)을 잡는 게 아닙니다. 전체적 인격의 일부분과 관계하는 것입니다. 누군가와 대화할 때는 한 문장이나 한 단어씩 듣는 게 아닙니다. 몸짓, 표정, 분위기를 포함한 그 사람과의 상호작용 전체에서 순간순간 부각되는 언어적 부분을 마주하는 것이지요.

그런데 우리는 자주 어떤 언어 표현이나 사물을 배경으로부터 유리하고 딱 그 대상만 따로 해석하려고 합니다. 그럴 때 심각한 오해가 생깁니다. 심지어 나 자신에 대해서도 마찬가지입니다. 내 감정이나 생각을 독자적 대상처럼 대하다 보니 오해가 생겨납니다. 사실 모든 감정과 생각은 내 삶 전체와 주변 공동체, 문화, 사회라는 배경 속에서 순간순간 부각되어 드러나는 것입니다. 이런 배경과의 연결성을 보지 못하면 나의 존재를 공정하게 들여다볼 수 없습니다. 감정에 휘둘리거나 독단적인 생각의 늪에 빠지게 됩니다. 눈앞에 보이는 게 전부라고 믿으면서 어리석은 판단을 내립니다.

여행의 효과

여행은 이전까지 전체라고 여겼던 세계가 사실은 더 큰 세계의 일부라는 걸 깨닫게 합니다. 한 영역 안에서만 살아가는 사람은 그곳의 법도나 문화가 절대적인 대상인 것처럼 느끼기 쉽습니다. 관계성이 아닌 독자성의 관점에서 자신의 사회를 이해하는 거죠. 하지만 익숙한 곳을 벗어나 다른 곳에 가보면 더 넓은 배경이 존재한다는 걸 알게 됩니다.

예를 들어, 한국 사람들은 유독 무채색 자동차를 좋아합니다. 자가용이 대체로 검은색, 흰색, 회색 중 하나이지요. 그런데 유럽이나 라틴아메리카에 가면 자동차 색깔이 무척 다양합니다. 그걸 보고 우리는 무채색 자동차가 다양한 색깔의 자동차 중 일부에 해당한다는 걸 알게 됩니다. 또 한국에서는 낯선 사람과 눈이 마주치면 대체로 피하는데, 다른 문화권을 여행하다 보면 처음 본 사람과도 눈이 마주치면 가볍게 인사를 나누기도 한다는 걸 알게 됩니다. 이를 통해 우리는 낯선 사람을 못 본 체하는 건 인간관계의 수많은 방식 중 하나에 불과하다는 걸 깨닫습니다. 이 밖에도 거대한 사막이나 광활한 초원을 보면, 내가 사는 도시는 지구의 작은 일부라는 걸 느낄 수 있게 되죠.

이런 체험은 다양성을 이론적으로 배우는 것보다 훨씬 더 큰 의미를 가집니다. 다양성을 '머리로' 안다고 해서 반드시 전체와 부분을 유기적 관계에서 파악하게 되는 건 아니기 때문입니다. 이 경우 다양성은 그냥 다른 속성을 가진 것들의 나열이 되기 십상입니다. '저 사람은 저렇고, 나는 이렇지' 혹은 '저 나라는 저렇구나. 우리나라는 이런데' 하고 말입니다. 인터넷이나 책을 통해 정보를 접하면 이러기 쉽습니다. '인도에서는 열차에 사람이 너무 많아 문에 매달려서 가기도 한다'라는 정보를 접하면, '그 나라는 그렇구나' 하는 데서 생각이 멈춥니다. 저 영역과 내 영역 사이의 관계에 대해 생각하는 데까지 나아가지 않기에 인도와 우리나라를 서로 상관없는 세계인 것처럼 취급하고 말죠.

여행은 직접 그 환경에 들어가는 경험입니다. 전체의 흐름 속에 내가 부분이 되어 발을 담그게 됩니다. '몸으로' 주변의 새로운 대상을 느끼고, 나보다 더 큰 세계의 일부로서 모든 순간을 겪습니다. 여행에서는 모든 게 낯설기 때문에 주변 환경을 더 존중하게 됩니다. 배경의 힘을 느끼고, 하나의 점으로서 그 배경 속에서 존재한다는 게 뭔지 알게 됩니다.

평소 우리는 배경에 별로 주의를 기울이지 않습니다.

자아는 자신감에 차 있고, 주변 환경은 내 목적에 맞게 활용할 수 있는 수단으로 나타납니다. 집 앞 길은 버스 정류장까지 가기 위한 수단으로 경험되지요.

반면 여행지에서는 익숙함에서 오는 자신감을 잃어버린 상태이기 때문에 배경과 나 사이의 위계관계가 뒤바뀌어버립니다. 주변 공간은 나보다 더 위대한 것, 나를 휘감고 있는 것, 내가 잘 헤쳐 나가고 살펴봐야 하는 것으로 나타납니다. 따라서 우리는 배경을 존중하는 자세를 갖게 되고, 전체 안의 한 부분으로서 존재한다는 감각을 익힐 수 있게 됩니다.

지금껏 여행 간 곳 중에는 인상 깊었던 곳이 많은데, 그중에서도 아르헨티나 파타고니아 지역에서 등반했던 산이 특히 기억에 남습니다. 난생처음 보는 독특한 형태의 나무로 가득하고 에메랄드빛 시냇물이 세찬 소리를 내며 흐르는 산길을 따라 몇 시간을 올라갔습니다. 머리 위로는 독수리가 날아다녔습니다. 정상에 다가갈수록 바람이 거세졌습니다. 발을 내디딜 수 없을 정도로 바람이 강해지고 체력이 거의 바닥났을 때, 눈앞에 거대한 호수가 나타났습니다. 빙하 녹은 물이 고여 만들어진 호수였습니다. 거대한 얼음 조각이 호수 곳곳에 둥둥 떠 있었습니다. 저는 지금도 그 신비로운 장면을 잊지 못합니다. 마법에 걸린 것 같았거든요.

그 순간 '내가' 산을 올랐다는 자기중심적 해석은 아무런 의미를 갖지 못했습니다. 제가 산을 올랐다기보다 산이 저를 집어삼킨 것 같았습니다. 그때 저는 산의 일부가 됐고, 주변 환경을 전적으로 존중하는 상태가 되었습니다. 산속에서 불현듯 겪은 경험은 저 자신을 고립된 주체가 아닌 배경 속 존재로 이해하게 했습니다. 그것도 아주 강제적으로요. 압도적인 자연 안에서 저는 제 독자성을 벗어던졌습니다.

"그 어떤 믿음도
절대화하지
말아야 한다."

의미 있는 성공이란 무엇일까?

현대사회에서 성공의 정의는 아주 간단합니다. '돈'입니다. 이에 반대하는 사람도 있겠지만 사회현상에 대해서만 이야기하자면 그렇습니다. 어차피 성공의 본질적 정의는 합의해내기 어렵습니다. 그러니 '진정한 성공' 같은 본질주의적 정의를 따지지 말고, 그저 '성공'이라는 단어가 이 사회에서 어떻게 쓰이는지를 보면 명확해집니다. 이 사회에선 돈을 많이 버는 게 성공입니다.

그렇다면 이 경우는 어떤가요? 한 의사가 있습니다. 돈은 당연히 부족하지 않게 법니다. 그런데 사랑하는 배우자가 몸이 쇠약해져 도시에서 멀리 떨어진 요양소로 가게 됩니다. 자신은 도시에 남고요. 그리고 얼마 지나지 않아 도시에 치사율이 매우 높은 전염병이 돌아 봉쇄령이 내려집니다. 바깥으로는 아예 나갈 수 없습니다. 의사는 사람들의 병을 고치기 위해 도시 안에서 고군분투합니다. 그 사이 요양소에 있는 배우자의 상태는 악화됩니다. 결국 배우자는 세상을 떠나고 맙니다. 이 의사의 인생은 성공한 걸까요?

남들이 선망하는 직업을 얻고, 돈도 많이 벌었습니다. 사회적 명성도 충분했습니다. 그런데 외적인 불운에 의해 사랑하는 사람을 속수무책으로 잃었습니다. 그 과정에서 그는 아무것도 할 수 없었습니다. 이 사람은 정말 많은 걸 가졌지만 인생에서 정말 소중한 걸 상실했습니다. 우리는 과연 이 의사의 성공 여부를 판단할 수 있을까요?

이 의사는 카뮈의 소설 《페스트》의 주인공 '리외'입니다. 카뮈는 실존주의 계열의 작가이자 철학자입니다. 앞서 언급했듯이 카뮈 자신은 실존주의자로 불리길 거부했지만, 그의 작품에는 실존주의와 결이 비슷한 생각이 짙게 묻어 있지요. 리외는 치명적인 전염병이 도시에 퍼졌을 때, 도망가길 택하지 않고 죽음의 위험을 감수하며 의사의 소명을 다합니다. 그런데 목숨을 걸고 환자들을 치료하던 와중에 아내가 요양소에서 죽고 말죠. 성공적인 삶을 위해 리외는 어떤 선택을 했어야 할까요? 도시에 남는 건 과연 무용한 선택이었을까요? 아내를 만나러 도망가는 게 현명했을까요? 그 답은 아무도 모릅니다. 리외가 자신의 선택으로 성공한 삶을 살았는지, 실패자가 됐는지는요. 그 자신도 아마 모를 겁니다.

여기서 중요한 건, 리외의 성공을 판단하는 데 돈은 매우 사소한 조건처럼 보인다는 겁니다. 사람들이 평소 그렇게 찬양해 마지않던 돈이, 리외의 상황에서는 결정적인 영향력을 갖지 않는 것 같습니다. 이는 상황의 극단성 때문이죠. 불안정하고 불운한 상황에서는 돈이 별 의미가 없어집니다. 돈이 있다고 해서 운명의 장난을 피할 수 있는 건 아니니까요.

그렇다면 소설 바깥의 우리는 어떤가요? 불운하다 한들 이보다는 나은 조건에서 생활하지 않나요? 나아가 돈으로 많은 걸 할 수 있는 사회에 살고 있지 않나요? 하지만 비교적 평화로운 사회에서도 뜻하지 않은 불행을 만날 수 있습니다. 운명은 누구에게나 장난을 칩니다. 우리는 의무와 배반, 책임과 욕망 사이에서 끝없이 흔들리며 고민합니다. 고민 하나가 말끔히 해결되면 곧 다른 고민이 닥쳐오죠. 삶이 한동안 평온하다가도 상황이 뒤바뀌면, 언제 어떤 재난이 우리를 흔들어 놓을지 모릅니다. 물론 돈이 있으면 훨씬 다양한 선택지를 갖게 되지만, 돈으로도 해결할 수 없는 문제는 있죠.

이런 상황에서는 돈보다 다른 게 훨씬 더 중요해집니다. 바로 자신의 실존을 떠안을 수 있는 능력이죠. 어떤 일이 닥치든, 무엇을 얻고 잃든, 그런 일들로 스스로를 판가름하지 않고 그저 내 존재를 감당해내는 겁니다. 그러지 못하고 무너지기 시작하면 삶은 송두리째 쓸려갑니다. 평소 남들이 선망하는 '성공적인' 삶을 살았어도 말이죠.

모든 삶은 부조리하다

우리는 스스로 성공을 정의할 수 있는 존재입니다. 다른 사람이 정해놓은 그 어떤 것도 최종 기준이 될 수 없습니다. 운명이 장난을 치는 순간, 그 모든 기준은 소용이 없어집니다.

카뮈는 각자 자신의 삶 앞에서 솔직해지자는 메시지를 전합니다. 그는 솔직히 우리 삶에서 그 어떤 최종적인 이유도, 의미도 발견되지 않는다고 이야기합니다. '왜 살아야 하는가?' '삶의 의미는 무엇인가?' 이런 질문 앞에 완전한 정답을 제시할 사람은 아무도 없다는 거죠. 이러한 인간의 운명을 가리켜 그는 "부조리"라고 표현했습니다. 그렇습니다. 인간의 삶은 언제나 부조리합니다. 왜 살아야 하는지, 사는 게 무슨 의미인지 모르면서 눈을 뜨고, 숨을 쉬며 존재한다는 것. 이것이 인간 삶의 소박한 진실입니다.

누군가는 이에 반대할 수도 있습니다. 삶의 답은 종교에, 과학 지식에, 예술에, 돈에 있다고 생각할 수 있으니까요. 하지만 카뮈는 이건 모두 자신을 속이는 일이라고 보았습니다. 이성적으로 납득할 만한 최종적 답을 찾지 못했음에도, '이만하면 답이라 할 수 있지'라고 생각하며 넘어간다는 거죠. 카뮈의 생각이 맞는지, 또 다른 이들의 생각이 맞는지 판가름할 최후의 기준은 없습니다. 우리 각자가 판단할 수밖에요. 그런데 만약 카뮈의 생각이 맞다면 어떨까요? 삶의 이유와 의미 같은 건 없다면요?

그럼 두 가지 선택지가 주어집니다. 삶과 죽음.

"사느냐 죽느냐, 그것이 문제로다." 햄릿의 이 대사는 중대한 실존적 고민을 드러냅니다. 희곡 〈햄릿〉에서 햄릿은 그야말로 느닷없이 이 대사를 내뱉습니다. 그런데 바로 이 느닷없음이 이 대사의 의미를 가장 잘 드러냅니다. 삶과 죽음에 대한 근본적 고민은 개연성 없이 갑자기 주어집니다. 객관적으로 훌륭한 조건을 모두 갖춘 사람도 삶을 저버릴 수 있습니다. 지옥 같은 고통 속에서 사는 사람이 끝끝내 삶을 붙들 수도 있죠.

삶과 죽음. 순수한 무의미 속에서 드러나는 이 둘 사이의 원초적 대립은 언젠가 느닷없이 찾아오며, 그때 무엇을 택할지는 전적으로 우리에게 달려 있습니다. 이유와 의미 없이도 살 것인가, 아니면 살기를 그만둘 것인가. 여러분의 선택은 무엇인가요?

살기로 선택했다고 해봅시다. 그럼 이유와 의미가 없지만 '그럼에도' 살기로 선택한 것입니다. 이런 결정적 선택을 통해 우리 존재를 다시 바라보면, 우리 삶은 그 어떤 최종적 기준에도 종속되지 않는다는 걸 깨닫게 됩니다. 무엇을 위해 살 필요도 없고, 어떤 가치를 통해 내 삶을 설명할 필요도 없습니다. 그 어떤 상위의 가치체계에도 묶여 있지 않죠. 그저 내 의지로 삶을 이어가는 겁니다. 카뮈는 이렇게 자신의 부조리한 삶을 선택하는 것에 인간의 실존적 자유가 있다고 이야기합니다.

존재의 부조리함을 떠안고 살아가는 사람에게 성공의 절대적 기준 같은 게 있을 리 없습니다. 삶 자체에 기준이 없는데 성공에 기준이 있을 리가요. 이런 사람은 큰 불행도 실패가 아니라고 느낄 수 있습니다. 행운이든 불행이든, 부든 가난이든, 짊어지고 살아갈 뿐이죠. 그때그때 자신만의 선택을 내리면서요.

누군가는 이렇게 물을지도 모릅니다. '이거 혹시 정신승리 아닌가요? 전 재산을 날려도 사랑하는 사람을 잃어도 그냥 살아간다면, 눈과 귀를 닫고 독단적인 자기만족 속에서 살아가는 게 아닐까요?'

아니요, 그렇지 않습니다. 부조리를 떠안고 살아간다는 건 성공과 실패에 초연한 걸 뜻합니다. 남들이 실패라고 부르는 상황에서도 좌절할 최종적 이유가 없다는 걸 알며, 남들이 성공이라고 칭송하는 상황에서도 우쭐댈 최종적 이유가 없다는 걸 아는 겁니다. 이것은 정신승리와 다릅니다. 정신승리는 부정적 상황을 직시하지 않고 긍정적인 면만 바라보는 것이죠. 반면 부조리를 떠안고 살아가는 건 긍정과 부정의 최종적 근거 자체가 없다는 걸 알면서도 꿋꿋이 살아가는 겁니다. 정신승리는 세상을 정면으로 마주할 힘이 없기에 자기 내면으로 피하는 쉬운 길을 택하는 것이고, 부조리를 떠안고 살아가는 건 절대적인 허무와 덧없음을 체험하면서도 삶이라는 어려운 길을 택하는 것이지요.

남들이 만들어놓은 성공의 기준에 연연하지 말라는 케케묵은 소리를 하려고 하는 건 아닙니다. 설령 지금까지 제 말이 그렇게 들렸다고 하더라도요. 저는 단순히 '자신의 기준대로 사는 것'은 카뮈의 부조리 개념을 제대로 이해하는 것과는 거리가 멀다고 생각합니다. '남들의 기준에 연연하지 않는다'는 것을 또 하나의 최종적 기준으로 받아들이고, 그것에서 의미를 찾으며 살아가는 거니까요. 이는 부조리를 떠안는 삶이라고 볼 수 없습니다. 바로 이게 카뮈의 메시지가 일반 자기계발서와 다른 점입니다. 보통 자기계발서는 자기만의 기준을 창조하라고 말하면서, 그 명령을 절대화합니다. 반면 카뮈는 자신의 그 어떤 믿음도 절대화하지 않으면서 살아가기를 요구합니다.

여기서 우리는 실존주의의 심층적인 주제를 마주하게 됩니다. 바로 낙하, 추락입니다. 실존주의적 관점에서 삶은 바닥이 없는 밑을 향해 끝없이 떨어지는 과정입니다. 그 낙하의 중간 중간 잠깐의 휴식을 취하고 마음을 의지할 곳을 찾을 수는 있습니다. 하지만 근본적으로는 그 어떤 단단한 바닥도 없어서 영원히 어둠 속으로 떨어질 수밖에 없습니다. 그 어떤 정답도 발견할 수 없는 채로 끝없이 헤맬 뿐입니다.

과연 이 떨어짐, 헤맴 자체를 사랑할 수 있을까요? 누군가가 내 손을 잡아 밝고 안전한 곳으로 데려갈 거라는, 나를 구해줄 거라는 희망 없이 사는 게 가능할까요? 끝이 보이지 않는 저 어둠이야말로 내가 나아갈 운명의 길이라는 걸 덤덤하게 받아들일 수 있을까요? 이는 나 자신에게 질문해볼 문제입니다.

"우리는 모두
각자의 세계를
지탱하는
중심점이다."

나를 들여다보는 일

세상으로부터 자아를 이해하느냐, 아니면 자아로부터 세상을 이해하느냐. 이 둘은 근본적으로 다른 사고방식입니다. 그런데 이 둘의 심대한 차이에 대해 생각하는 사람은 많지 않습니다. 세상으로부터 자아를 이해하는 관점을 W로, 자아로부터 세상을 이해하는 관점을 S로 칭해보겠습니다.

지금 시대에 우리에게 훨씬 더 익숙한 건 W입니다. 우리는 자아를 설명할 때 대표적으로 진화심리학이나 뇌과학 같은 학문적 지식을 많이 참고합니다. 왜 지금의 내가 있는 걸까? 왜 나는 지금 이런 정신상태로 존재하는 걸까? 이런 의문에 대해 우리는 다음과 같이 답하는 데 익숙합니다. 지금까지 그렇게 진화해 왔으니까. 지금 뇌가 그렇게 작동하고 있으니까. 이런 답은 '나'라는 현상이 생겨나는 이유를 내가 아닌 세계의 다른 존재를 통해 설명하는 근본적 구조를 갖습니다. 나 이전에 존재하는 생명 물질을 통해 나의 존재를 해명하는 겁니다. 나보다 세상이 더 우선적으로 존재하고, 나는 그 세상에서 파생된 존재라는 시각입니다.

반면 나로부터 출발하는 사고방식에서는 세상의 확실성보다 나의 확실성이 더 높다는 사실에 주목합니다. 내가 없어져도 세상은 그대로 남아 있을까? 이런 생각을 한 번쯤 해본 적이 있을 겁니다. 엄밀하게 따지면, 내가 없어졌을 때 세상이 여전히 남아 있을지 확인할 수 있는 방법은 없습니다. 어쩌면 세계는 나의 환상일지도 모릅니다. 내가 사라질 때 세계도 함께 한여름 밤의 꿈처럼 사라질지도 모릅니다. 하지만 우리는 이런 사실을 한편에 밀어두고 자연스럽게 살아갑니다. 세상이 나보다 더 근원적이라는 가정을 암묵적으로 받아들이면서요.

저는 이 두 가지 상반된 사고방식 중 무엇 하나가 더 낫다고 주장하고 싶지는 않습니다. 하지만 사고의 엄밀성을 고려했을 때, S를 완전히 거부하는 건 어느 정도 자기기만을 포함하는 일이라고 생각합니다. 잘 모르는 것을 대강 넘어가는 거죠. 그래서 저는 균형 있게 철학적 사고를 하는 사람이라면 자아가 세상의 출발점일지도 모른다는 점을 반드시 염두에 둬야 한다고 생각합니다. 그런데 지금처럼 외부적 대상을 통해 자아를 설명하는 것을 우선시하는 시대적 분위기에서는 이 관점을 자꾸만 잊게 됩니다.

제가 2030세대를 위한 철학책을 집필하면서 실존주의를 주제로 삼았던 가장 결정적인 이유가 바로 여기에 있습니다. 실존주의는 S를 결코 포기하지 말아야 한다고 말하는 사상입니다. 실존주의 사상가들은 물질적 체계나 경제적 구조를 바탕으로 개인을 설명하는 압력이 아무리 강해져도, 내 안에는 오직 자신을 직접 들여다봄으로써만 이해할 수 있는 고유한 무언가가 있다고 끈질기게 주장했지요.

그런데 그렇게 나를 깊이 들여다볼 때, 그 안에서 발견하게 되는 건 고독, 불안, 불확실성입니다. 이걸 받아들이는 건 쉽지 않은 일이죠. 커다란 부담이자 고통입니다. 그래서 우리는 쉽게 다른 누군가가 제공해주는 확실성의 요새로 도망칩니다. 하지만 이런 도피의 상태에서 빠져나와 자기 존재의 불편한 진실을 마주해야 비로소 자유와 창조의 가능성이 드러나기 시작합니다. 나는 하나의 빈 공간으로 존재합니다. 이걸 허무라고 부를 수도 있지만 자유라고 부를 수도 있습니다.

이런 사고 과정을 매끄럽게 전달하기 위해, 저는 개인의 경험을 면밀히 들여다보는 일부터 시작했습니다. 그러고는 바깥세상의 기준으로 나의 내면세계를 바라보는 일상적 기준을 뒤집어, 나로부터 시작해 세상을 이해하는 과정으로 나아갔지요. 이 과정에서 나다움에 대해 고찰했고, 자아실현과 개인의 삶에 중요한 주제로 일과 직업의 영역에 대해서도 논했습니다. 또한 인간관계와 사랑이라는, 근본적으로 나 자신을 넘어서는 주제까지 내 존재의 불확실성과 자유의 관점에서 바라볼 수 있다는 걸 보여주고자 했습니다.

끝으로, 제가 '여는 글'에서 언급했던 '다름'이라는 주제로 돌아가보려고 합니다. 다름은 당연히 주어지는 게 아닙니다. W에서는 다름의 현상이 근본적으로 불가능합니다. 모든 건 결국 세계 혹은 우주라는 단일한 체계 안에 속한 일부일 뿐입니다. 모든 대상이 똑같은 법칙의 지배를 받습니다. 우연히 서로 다른 시공간 단면을 차지하고 있을 뿐, 근본적으로 모든 대상은 다르지 않습니다. 하나의 은하와 다른 은하는 그저 하나의 점으로부터 출발해 완전한 무질서로 해체되어 가는, 똑같은 먼지 덩어리일 뿐입니다.

다름이 존재하려면 S가 반드시 있어야 합니다. '나'라는 특수한 지점이 이 세상의 다른 모든 지점과 근본적으로 다르다는 걸 느낄 수 있어야 하죠. 이 지극히 개인적인 구별의 느낌에서 출발하지 않는다면, 다름을 감지하고 이해하는 건 불가능합니다.

내가 사라지고 나서도 다른 사람들이 여전히 있을지 없을지는 엄밀히 말해서 모릅니다. 어쩌면 타인을 포함한 이 세계 전체는 모두 내 환상에 불과한 걸지도 모르죠. 하지만 내가 모든 환상의 출발점이듯, 다른 사람들도 각자 하나의 고유한 출발점일 수 있습니다. 내가 나로서 존재하듯, 다른 존재자들도 자신으로서 각자 다르게 존재하고 있을지 모르죠. 이렇게 각 대상을 그 자신 이외의 다른 대상으로는 완전히 설명되지 않는 고유의 출발점으로 보는 사고가 다름을 인식하고 존중하는 태도의 전제입니다.

우리 은하는 우주의 중심에 있지 않습니다. 그런데 '물리적 의미의 중심'과 '고유성의 기준으로서의 중심'은 서로 다릅니다. 저에게는 제가 존재하는 바로 지금 여기가 세상의 중심입니다. 여러분도 각자가 자신의 세계 속에 존재하는 한, 그곳의 중심일 겁니다. 이게 제가 실존주의 사상의 힘을 빌려 말하고자 했던 것입니다.

역설적으로 실존주의가 꽃폈던 시대는 이미 오래전에 지나갔습니다. 그것 또한 우리 세계를 이루고 있는 일부에 지나지 않으며, 이제는 중심부로부터 밀려나 점점 흐릿해져가고 있지요.

여러분은 여러분의 세계를 지탱하는 중심점입니다. 그런 여러분이, 굳이 세계의 한 사상에 의지해 자신의 운명을 완전히 설명할 필요는 없습니다. 여러분에게는 항상 여러분 고유의 것이 존재합니다. 그걸 파헤치는 건 절대적으로 여러분의 몫입니다. 이 책은 어디까지나 그 과정 속 작은 하나의 점이 될 수 있을 뿐입니다.

주석

1_ 블레즈 파스칼Blaise Pascal(1623~1662): 프랑스의 수학자이자 물리학자, 철학자. 물리학자로서 '파스칼의 원리'를 발견했고, 철학자로서 후대에 지대한 영향을 미쳤다. 대표작으로는 《팡세》가 있다.

2_ 프리드리히 니체Friedrich Nietzsche(1844~1900): 독일의 철학자. '초인, 영겁회귀, 주인의 도덕' 등 여러 사상을 통해 "권력에의 의지를 체현하기 위해 끊임없이 자기 극복을 해야 한다"고 주장했다. 대표작으로는 《반시대적 고찰》, 《차라투스트라는 이렇게 말했다》가 있다.

3_ 쇠렌 키르케고르Søren Kierkegaard(1813~1855): 덴마크의 철학자. 실존주의 사상의 선구자 중 한 사람으로, 위선적 신앙을 비판하고 종교적 실존의 존재방식을 탐구했다. 대표작으로는 《이것이냐 저것이냐》, 《죽음에 이르는 병》이 있다.

4_ 카를 야스퍼스Karl Jaspers(1883~1969): 독일의 철학자. 철학이 인간의 유리된 현실적 생활을 책임져야 하며, 의식적 불안에 답이 되어야 한다고 주장했다. 그의 철학은 '신을 향한 실존주의'라 불린다. 대표작으로 《철학》(3권)이 있다.

5_ 마르틴 하이데거Martin Heidegger(1889~1976): 독일의 철학자. 20세기 사상계의 거장이다. 현대철학 및 정신문화 전반에 커다란 영향을 끼쳤다. 존재론적 차이에 대한 하이데거의 통찰은 포스트모더니즘과 후기 구조주의에도 많은 영향을 주었다. 주요 저서로는 《존재와 시간》이 있다.

6_ 장 폴 사르트르Jean Paul Sartre(1905~1980): 프랑스의 현대 철학자, 작가. 무신론적 실존주의의 입장에서 전개한 책 《존재와 무》가 유명하다. 1964년 노벨문학상 수상자로 선정되었으나 수상을 거부했다. 대표작으로 《구토》, 《문학이란 무엇인가》가 있다.

7_ 랄프 왈도 에머슨Ralph Waldo Emerson(1803~1882): 독일 관념론과 동양의 신비주의의 영향을 받았고, 정신을 물질보다도 중시하고 직관에 의하

여 진리를 알며, 자아의 소리를 듣고, 논리적 모순을 관대히 보는 사상을 강조했다. 헨리 데이비드 소로와의 친분으로도 유명하다.

8_ 이마누엘 칸트Immanuel Kant(1724~1804): 비판 철학의 창시자로, 서양 근대철학을 종합한 것으로 잘 알려져 있다. 인식론, 형이상학, 윤리학, 미학 등 서양 철학의 전 분야에 큰 공헌을 했다. 대표작으로는 《순수이성비판》, 《실천이성비판》, 《판단력비판》이 있다.

9_ 실패자는 노력이 부족한 거라는 일방적 논리를 담은 신조어.

10_ 게오르크 빌헬름 프리드리히 헤겔Georg Wilhelm Friedrich Hegel(1770~1831): 독일의 철학자. 독일 관념론 철학을 완성시킨 것으로 여겨진다.

11_ 카를 마르크스Karl Marx(1818~1883): 독일의 철학자, 경제학자, 정치학자. 헤겔의 영향을 받았으며, 엥겔스와 경제학 연구를 하며 유물사관을 정립하였고, 《공산당 선언》을 발표하여 각국의 혁명에 불을 지폈다. 대표작으로 《자본론》이 있다..

12_ 알베르 카뮈Albert Camus(1913~1960): 알제리령 프랑스 출신의 철학자, 작가, 언론인. '부조리不條理의 철학'으로 유명하며, 세계가 부조리하다는 사고와 반항의 사상을 소설에 녹아냈다. 1957년에 노벨문학상을 수상했고, 대표작으로 《이방인》, 《페스트》 등이 있다.

13_ 시몬 드 보부아르Simone de Beauvoir(1908~1986): 프랑스의 철학자이자 사회운동가 및 작가. 실존주의 철학을 연구하면서도 개인의 내면에만 머무르지 않고 직접 나서서 행동하는 '앙가주망engagement'을 지지했다. 사회운동과 시위에도 다수 참여했으며, 현대의 페미니즘이 성립하는 데 지대한 영향력을 미쳤다. 《레 망다랭》으로 공쿠르 상을 수상했다. 사르트르와의 계약 결혼으로도 유명하다.

14_ 모리스 메를로퐁티Maurice Merleau-Ponty(1908~1961): 프랑스의 철학자. 감각에 직접적으로 부여되는 것을 파악하는 작업을 주로 했으며, 경험론과 합리론의 이분법에 저항했다. 대표작으로 《지각의 현상학》이 있다.

가장 젊은 날의 철학

지금 나답게 살기 위한 질문들

2024년 11월 11일 초판 1쇄 발행
2025년 5월 26일 초판 4쇄 발행

지은이   이충녕
펴낸이   김은경
펴낸곳   (주)북스톤
주소   서울시 성동구 성수이로7길 30, 2층
대표전화 02-6463-7000
팩스   02-6499-1706
이메일   info@book-stone.co.kr
출판등록 2015년 1월 2일 제2018-000078호

ⓒ 이충녕
(저작권자와 맺은 특약에 따라 검인을 생략합니다)

ISBN   979-11-93063-70-5(03100)

북스톤은 세상에 오래 남는 책을 만들고자 합니다. 이에 동참을 원하는 독자 여러분의 아
이디어와 원고를 기다리고 있습니다. 책으로 엮기를 원하는 기획이나 원고가 있으신 분
은 연락처와 함께 이메일 info@book-stone.co.kr로 보내주세요. 돌에 새기듯, 오래 남
는 지혜를 전하는 데 힘쓰겠습니다.